Jacques Gaillot

Was für mich zählt, ist der Mensch

Herder
Freiburg · Basel · Wien

Titel der Originalausgabe:
Foi sans frontières

Aus dem Französischen übertragen von
Martina und Walter Lesch

Deutsche Neuausgabe 1994

Herstellung: Freiburger Graphische Betriebe 1994
Umschlagmotiv: Michelangelo Buonarotti († 1564),
Die Erschaffung Adams. Rom/Vatikan, Sixtinische Kapelle.
ISBN 3-451-08831-2

Zur Einführung

Der Bischof ist ein Späher im Halbdunkel des Morgens. Er fühlt sich hin- und hergerissen zwischen dem gewohnten Dienst und der Verfügbarkeit für die Ausgestoßenen. Ein kultureller Abstand trennt die Kirche von den neuen Lebensmilieus. Das eigene Haus zu pflegen ist notwendig, aber ebenso notwendig ist, zu den anderen zu gehen, in ihrem Haus zu wohnen. Der Auftrag Jesu verlangt Aufbruch. Wer aufbricht, läßt jene, die im Haus zurückbleiben, nicht im Stich. Die Botschaft des Evangeliums von der Befreiung gilt allen. Es ist Zeit, sich zu öffnen.

Unsere allgemeinste Erfahrung beruht auf dem, was wir jeden Tag im Kontakt mit den Menschen erleben, ob sie unseren Glauben teilen oder nicht. Was die Menschen heute trennt, ist nicht so sehr die Frage der Weltanschauungen, sondern die Frage der Menschenrechte. Wir können die Nichtglaubenden nicht links liegen lassen, um unseren Glauben zu vertiefen. Sie leisten uns den Dienst, die Quellen des Glaubens wiederzufinden und fordern uns heraus, ihn menschlicher zu leben. Deshalb müssen wir lernen, unseren Dienst bei allen zu tun, bei den Glaubenden und den Nichtglaubenden.

Bei einem Gesprächsabend, der in Évreux über das Thema „Die Kirche, von außen gesehen" stattfand, haben sich Nichtglaubende zu Wort gemeldet. Einer von ihnen sagte: „Christus ist zu den Menschen gegangen. Die Kirche lebt auf sich selbst bezogen. Sie ist nicht dem Menschen zugewandt." Ein anderer fügte hinzu: „Ich erwarte, daß sich die Kirche klar über die Probleme der Welt heute äußert. Sie darf keine Angst haben zu sprechen. Ihr Wort hat große Bedeutung. Es wird gehört und aufgenommen, selbst wenn ihm widersprochen wird." Ich dachte an das, was Dom Helder Camara oft sagte: „Wenn die Kirche nicht die fundamentalen Fragen der Menschen heute erreicht, werden ihr die jungen Leute den Rücken zukehren."

Die Kirche lebt nicht unter einem Sauerstoffzelt. Sie verkündet das Evangelium nicht mit verbundenen Augen. Sie arbeitet nicht auf eigene Rechnung. Wenn sie vom Geisthauch Jesu beseelt ist, warum sollte ihr die Luft ausgehen, um seinen Weg weiterzugehen?

† Jacques Gaillot

1
Das Abenteuer des Evangeliums

Johannesevangelium 1,35–51

Jesus von Nazareth ist unterwegs am Ufer des Sees von Tiberias. Er ist erfüllt vom Atem des Geistes, denn er trägt die ganze Gegenwart Gottes und die ganze Gegenwart des Menschen in sich. Jesus ist ausgezogen, um überall großzügig seine Botschaft auszusäen. Er ist zu neuen Ufern aufgebrochen, damit jeder erreicht werde. Jesus ist ein Sämann mit schnellen Schritten, der sich – wie Marcel Légaut sagt – nicht darum kümmert, die Ernte auch in die Scheune einzufahren.

Zahlreiche Schüler nehmen seine Worte auf; Worte, die wie Samenkörner ins Erdreich fallen und sterben, um neu zu erstehen und reiche Frucht zu tragen. Sie sind keimendes Leben.

Weil Gott das Leben liebt, sind wir zum Leben berufen. Jesus ist gekommen, „damit wir das Leben haben und es in Fülle haben" (Joh 10,10).

Mit der Leidenschaft Gottes für den Menschen befreit Jesus von aller Sklaverei. Gebeugte richtet er auf, wo immer sie ihm begegnen; ohne Kompromisse klagt er an, was menschlicher Freiheit und Würde widerspricht. Jesus macht erfahrbar, daß alle Menschen Brüder und Schwestern sind, und er zeigt, daß jedes Menschenleben ohne Ausnahme von unschätzbarem Wert ist.

Nachfolge Jesu bedeutet: den Weg des Lebens wählen. Der junge Prophet aus Nazareth beginnt seine Sendung ohne ein sichtbares Zeichen seiner Macht. Ihm geht es um die sanfte Geburt neuer Möglichkeiten. Es ist die Zeit der Anfänge auf einem Weg der Menschlichkeit und der Hoffnung.

Auf seinem Weg läßt Jesus nichts beim alten. Mit seiner Ankunft gerät alles in Bewegung, eine tiefe Erschütterung setzt ein und wirkt ständig weiter. Ein großartiger Aufruf zum Leben ist ergangen, der in den Herzen der Menschen fortdauernd widerhallt.

Eine Atmosphäre der Gegenwärtigkeit

Als Johannes der Täufer Jesus sieht, sagt er: „Seht das Lamm Gottes!" Auf diese Worte hin folgen die beiden Jünger, die bei Johannes waren, Jesus nach. Sie erleben eine unvergeßliche Begegnung und bleiben bei Jesus, weil seine Gegenwart sie nährt und stärkt. Sie genießen diese kostbaren Augenblicke der tröstenden Gegenwart Jesu, ohne sich darum zu sorgen, was morgen sein wird. Die Intensität dieses mit ihm erlebten Augenblicks bleibt ihre größte Erfahrung: Jesus gibt ihnen eine Bleibe, wo sie sich aufgenommen, geachtet und geliebt fühlen.

Als ich meinen Militärdienst in Algerien leistete, hörte ich von Moslems öfter das Sprichwort: „Zwischen Auge und Ohr sind vier Finger." Sie haben mir die Überlegenheit dessen, der sieht, über den, der hört, erklärt. Die Jünger sehen mit eigenen Augen das Wort des Lebens, das sie verändert. Ein Licht verwandelt sie von innen und hebt die Werte der Innerlichkeit hervor.

Eine Atmosphäre der Begegnung

Andreas trifft beim Morgengrauen seinen Bruder Simon und sagt ihm: „Wir haben den Messias gefunden.“ Darauf führt er ihn zu Jesus.

Philippus, der von Jesus gerufen wurde, wird nun selbst zu einem Rufenden, indem er Nathanael zur Begegnung mit Jesus führt. Jeder, der zu Jesus geht, ist bereits für einen anderen da. Gleich Konstellationen am Sternenhimmel stiften die Berufungen neue Beziehungen und eröffnen so einen unerwarteten Horizont.

Jesus steht vor Menschen, die in Erwartung leben, die Wünsche haben und auf der Suche sind. Durch Johannes den Täufer vorbereitet, sind sie nun bereit, sich auf das Abenteuer mit Jesus einzulassen.

Wir sollten in ihnen nicht schon ehrwürdige Apostel sehen – Säulen der Kirche, umgeben mit dem Heiligenschein der Geschichte –, sondern sie einfach als Menschen betrachten, die ein Abenteuer beginnen. Jesus rüttelt ihr Gewissen wach und läßt sie einen neuen Sinn für ihr Leben finden.

Eine persönliche Atmosphäre

Jesus beruft jeden einzeln, keine Gruppen oder Gemeinschaften. Er ruft jeden bei seinem Namen, meint ihn in seiner unverwechselbaren Eigenart und trifft ihn in seiner Lebenssituation. So ist es auch mit Andreas, Simon, Philippus und Nathanael, die ganz in ihrem Alltag stehen. Jesus ruft sie mit ihrer Vergangenheit, mit ihren Schwächen, ihrer Begrenztheit und ihren Plänen. Er ruft sie so, wie sie sind. Die Jünger sind keine Übermenschen. Gerade das aber bringt sie uns nahe und weckt unsere Sympathie für sie.

Der Apostel Paulus erinnert daran: „Seht doch auf eure Berufung, Brüder! Da sind nicht viele Weise im irdischen Sinn, nicht viele Mächtige, nicht viele Vornehme, sondern das Törichte in der Welt hat Gott erwählt, um die Weisen zuschanden zu machen, und das Schwache in der Welt hat Gott erwählt, um das Starke zuschanden zu machen. Und das Niedrige in der Welt und das Verachtete hat Gott erwählt: das, was nichts ist, um das, was etwas ist, zu vernichten, damit kein Mensch sich rühmen kann vor Gott" (1 Kor 1,26–29).

Eine Atmosphäre der Freundschaft

Die Jünger kannten einander mehr oder weniger, sie waren sich schon begegnet und hatten Verbindung miteinander. Vor allem aber wurden sie von einem gerufen, der sie ganz und gar respektiert.

Jesus beruft seine Jünger nicht in erster Linie deshalb, um ihnen Aufgaben zu übertragen, sondern vor allem, damit sie bei ihm sind. Bevor er ihnen eine Sendung überträgt, macht er sie zu seinen Weggefährten, mit denen er jeden Tag zusammenbleibt. Alles wird möglich, weil die Jünger Jesus folgen wollen. Durch die Weggemeinschaft mit ihm lösen sich viele Fragen von selbst. Die Liebe führt die Jünger zum Verstehen.

In kurzer Zeit verändert sich das Leben dieser Menschen von Grund auf: Jesus nimmt den ersten Platz in ihrem Leben ein. Er wirkt auf sie wie eine Kraft, die sie zu sich selber bringt. Die Jünger verändern sich mehr, als sie jemals wünschen oder planen konnten. Die Verbformen der Zukunft machen das deutlich: „Du bist Simon, der Sohn des Johannes, du *wirst* Kephas *heißen.* Kephas bedeutet: Fels (Petrus)." Zu Nathanael sagt er: „Du *wirst* noch Größeres *sehen.*" Und Jesus fügt hinzu: „Amen, Amen, ich sage euch: Ihr *werdet* den Himmel *geöffnet* und die Engel auf- und niedersteigen *sehen* über dem Menschensohn."

Das Abenteuer geht weiter

Auch heute folgen Männer und Frauen dem auferstandenen Christus nach und setzen ihr Vertrauen in ihn. Er enttäuscht sie nicht. Sie haben Christus wiedererkannt; mit derselben Einfachheit und Zurückhaltung erschien er ihnen auf ihrem Weg wie damals den ersten Zeugen.

Seit Christus in die Geschichte der Menschen trat, ist er mitten unter uns im alltäglichen, gewöhnlichen Leben. Er braucht deshalb auch nicht irgendwo anders gesucht zu werden. Nicht *er* ist abwesend, sondern *wir* sind es. Christus läßt sich immer finden.

Was geschieht, wenn jemand sich auf das risikoreiche Abenteuer des Evangeliums einläßt? Wie wird der Ruf Christi weitergegeben? Wie wird der Ruf heute in der Kirche gehört?

Ein Ruf, der das Leben verändert

François ist Lehrer und seit einem Jahr mit Véronique verheiratet. In ihrem Leben wird etwas vom Geist des Evangeliums spürbar. Eines Abends nehmen beide an einem Treffen junger Paare teil, um sich über ihr Leben in der Ehe auszutauschen. Dabei findet Véronique wunderbare Worte, mit denen sie ihre Liebe zum Ausdruck bringt: „François hat mich die Reichtümer entdecken lassen, die ich in mir trage und von denen ich ohne ihn niemals etwas gewußt hätte."

Beim Besuch einer Pfarrgemeinde wurde ich gebeten, doch einen Wunsch zu äußern. Ohne Zögern sagte ich: „Ich bete, daß Christus für jeden von euch etwas bedeuten möge."

Das ist wichtiger als alles andere. Ist es nicht dieselbe Frage, die Jesus seinen Jüngern gestellt hat? „Wer bin ich für euch?" Er fragt nicht: „Was sagen die andern über mich?" sondern: „Wer bin ich eurer Meinung nach?"

Nach Jahren, in denen wir als Christen zu leben versuchten, in denen wir Erfahrungen gesammelt, uns engagiert und gebetet haben, müssen wir uns fragen: Was bedeutet Jesus für uns? Wer ist er für uns? Welches Gesicht hat er uns offenbart?

Oft werde ich gefragt: „Wo finden wir Zeichen für die Auferstehung Jesu?" Und ich antworte dann: „Schaut euch in eurer Umgebung um. Da gibt es Menschen, deren Leben durch Christus und das Evangelium verändert wurde. Seht, was sich in ihrem Leben gewandelt hat. Ihr Leben ist für jeden von uns eine Herausforderung zum Glauben."

Wenn Jesus in unser Leben kommt, bedeutet das immer eine Veränderung. Denn Jesus offenbart uns, daß wir auch ganz anders sein können und weckt in uns unser Bestes. Er spricht die Menschen in ihrem Herzen an; er zielt auf unser Innerstes, unsere verborgensten Tiefen; er will ein Leben ausfüllen.

Bei der Vorbereitung auf die Firmung haben Jugendliche ein Bild gemalt mit einem Segelboot in voller Fahrt und einem großen Paar Pantoffeln daneben. Ihr Kommentar zu diesem Bild war: „Sache der Christen ist nicht, es sich in ihren Pantoffeln gemütlich zu machen, sie sind getrieben vom Sturm des Geistes, müssen deshalb ihre kleinen Sicherheiten verlassen und sich aufs offene Meer hinauswagen. Sie sind zum Abenteuer des Glaubens berufen."

Diese jungen Leute bewundere ich, weil sie verstanden haben, daß Jesus sie frei macht, sie zu einem Abenteuer aufbrechen läßt und ihnen ganz neue Perspektiven für die Zukunft eröffnet. Während ich ihnen zuhörte, entstanden aus ihren Anregungen die Gedanken für meine Firmpredigt.

Auf das Evangelium und die Welt hören

– Thierry hat für zwei Jahre als Entwicklungshelfer in einem Land der Dritten Welt gearbeitet und wurde dort zum ersten Mal in seinem Leben mit dem Elend konfrontiert. Dieser Schock ließ seine Zukunftsträume wie Seifenblasen zerplatzen und führte ihn in der Begegnung mit Christen zu einem neuen Verständnis des Evangeliums. Nachdem Thierry nach Frankreich zurückgekehrt war, verließ er seine Angehörigen und gab seinen Beruf auf, um sich ganz in den Dienst an den Ärmsten zu stellen.

– Fabien und Françoise beschäftigen sich seit ein paar Jahren mit Fragen der Gewalt, die in unserer Gesellschaft überall anzutreffen ist. Durch ein befreundetes Ehepaar entdecken sie zu ihrer Freude, wie wirksam gewaltfreie Aktionen sein können und lesen dadurch

auch das Evangelium mit neuen Augen. Mit vielen anderen engagieren sie sich in der Friedensbewegung und finden zu einem völlig neuen Lebensstil.
– Raymond und Michèle leben an Brennpunkten unserer Gesellschaft, die von Arbeitslosigkeit, Menschenrechtsverletzungen und wachsendem Rassismus gekennzeichnet ist. Wie andere engagierte Menschen haben sie begriffen, daß es notwendig ist, das tägliche Los der Arbeiter unmittelbar zu teilen. Durch ihr entschiedenes Eintreten für deren Anliegen geraten sie ins Kreuzfeuer der Kritik. Ihre Solidarität bringt sie selbst auf die Seite der Ausgeschlossenen.

Die alarmierenden Hilferufe überall in der Welt geben Zeugnis von den Schwierigkeiten vieler Menschen, zu leben und zu hoffen. Wer diese Rufe hört, wer seine Ohren nicht verschließt, der macht es sich zu seiner Aufgabe, für die einzutreten, die ohne Hoffnung sind, und setzt sich ein für die Verteidigung der Menschenrechte.
– Boualem ist 23 Jahre alt, in Algerien als Sohn algerischer Eltern geboren. Ein Jahr nach seiner Geburt ist die Familie nach Frankreich übergesiedelt. Boualem spricht kein Wort Arabisch; Algerien ist für ihn ein fremdes Land. Als er eines Tages wegen Beteiligung am Verkauf von Drogen verhaftet wird, kommt er ins Gefängnis und wird verurteilt.

Die Verwaltungsmaschinerie setzt sich in Bewegung: Boualem soll nach Algerien ausgewiesen werden. Er bittet mich, bei den zuständigen Stellen für ihn einzutreten. Seine Zukunft, aber auch die seiner Angehörigen, steht auf dem Spiel. Was soll aus ihm werden in einem Land, das er nicht kennt und dessen Sprache er nicht spricht? Boualem ist nur einer von vielen, die sich in solch einer schwierigen Situation befinden.

– Paul ist Pfarrer in einer kleinen Arbeitergemeinde mit 3000 Einwohnern. Die Arbeitslosenquote beträgt dort über 30 Prozent; 400 Personen erhalten einmal wöchentlich ihre Essensration von der kommunalen Fürsorge. Paul teilt als Priester das Schicksal dieser Menschen, weil er an den Gott glaubt, der zu Mose sagte: „Ich habe das Elend meines Volkes gesehen." Zwar kennt auch er keine Patentrezepte für einen Ausweg aus dem Elend, doch ist er wenigstens mit den Betroffenen solidarisch.

– Marie-Louise ist Ordensschwester und engagiert sich in der ACE (einem katholischen Kinderhilfswerk) und in der Friedensbewegung, weil sie entdeckt hat, daß ihre geistliche Berufung sich im konkreten Einsatz für das Leben bewähren muß.

– Gilles ist Diakon. Er stellt sein Leben besonders in den Dienst all derer, die von der Gesellschaft an den Rand gedrängt wurden. Er weiß, daß gerade die am meisten Benachteiligten von Gott besonders geliebt werden. Er hört die Rufe derer, die Hilfe zum Leben brauchen. Die Begegnung mit den Ärmsten bestärkt ihn in dem Verlangen, das Evangelium zu leben.

Wenn mich eine große Menschenmenge umgibt, denke ich oft an die Vision, die der Apostel Paulus in Korinth hatte. Eines Tages sagte der Herr zu ihm: „In dieser Stadt habe ich ein großes Volk." – Nicht nur, wenn wir Christen uns versammeln – und oft sind wir nicht viele – öffnet der Herr uns füreinander, er macht uns auch bereit, auserhalb unserer Gemeinde auf die Menschen zuzugehen, die wir nicht kennen. Er sagt auch uns: „In dieser Stadt erschaffe ich mir ein großes Volk." Die anonyme Menschenmenge ist für uns heute ebenso ein Anruf, wie sie es für Jesus damals war. Gott ruft die Menschen zu seinem Volk zusammen.

Vielfältige Begegnungen können uns im alltäglichen Leben als Anruf Gottes herausfordern. Wie könnten wir Gefangene und Kranke besuchen, mit Jugendlichen diskutieren, Familien und Gruppen begleiten, Fremde aufnehmen, ohne durch all das, was wir sehen und hören, verändert zu werden?

Einmal besuchte mich eine Gruppe von Pfadfindern und stellte mir Fragen, unter anderem auch diese: „Gibt es eigentlich eine Ausbildung für den Beruf des Bischofs?" Ich gab zur Antwort: „Ja! Die einzige Ausbildung, die ich kenne und der ich zu folgen versuche, ist die Schule des Lebens." Ein Bischof, der auf die ihm anvertrauten Menschen, besonders die Armen, hört, wird zum Zeugen. Es ist unmöglich, daß er dadurch nicht lernt und verändert wird.

Der Ruf des Herrn erreicht uns mitten im Leben, durch alle Menschen, Glaubende oder Nichtglaubende. Derselbe Ruf erreicht uns auch durch die Kirche: Sie ist ein Ort, an dem der Ruf Gottes weitergegeben wird. Wir sind Teil eines Volkes, in dem jeder auf eine andere Weise berufen wird. Jeder Ruf knüpft vielfältige Verbindungen. Jeder hat einen Platz, den nur er selber einnehmen kann. Um noch einmal auf das Bild der Konstellationen von Planeten am Sternenhimmel zurückzugreifen: Ihnen vergleichbar geben die Berufungen dem Volk Gottes seine Gestalt.

Schon oft hörte ich: „Eines Tages kam jemand zu mir und bat mich um meine Mitarbeit. Deswegen bin ich heute in der Gemeinde . . ." Oder: „Ein Priester besuchte uns und begeisterte uns für die Gemeinde."

Überall in unserem Leben ruft uns Gott. Wer ruft mich heute?

Viele Schwestern und Brüder, Glaubende und Nichtglaubende, übernehmen heute die Rolle, die Johannes dem Täufer für die Jünger zukam: Sie zeigen uns einen Weg. Ihre Lebensweise, ihre Entschiedenheit stellen uns vor Fragen, oft ohne daß sie selbst dies wissen. Sie machen uns neugierig, mehr zu erfahren. Wir werden bereit, selber aufzubrechen und die notwendigen Entscheidungen zu treffen.

Wer gerufen ist, wird selbst zum Rufenden. Wer seine Situation als Gerufener lebt, ist der beste Rufende. Auch die Kirche ist Gerufene und Rufende in einem. Wenn es heute nicht genug Berufungen gibt, so ist dies auch darauf zurückzuführen, daß die Kirche in ihrer Rolle als Rufende versagt.

Bei einem Pastoralbesuch auf dem Land traf ich am Abend im Gemeindesaal mit Menschen zusammen, die mit mir sprechen wollten. Ein afrikanischer Bischof, der gerade auf der Durchreise war, hatte gebeten, mich begleiten zu dürfen. Während des Gedankenaustauschs meinte eine Frau: „Ich stelle fest, daß der Glaube in unseren Dörfern mehr und mehr verloren geht. Ich denke, eines Tages werden es die Afrikaner sein, die uns evangelisieren."

Mein afrikanischer Gast wandte sich der Frau zu und bemerkte nicht ohne Humor: „Was Sie sagen, ist heute abend eingetroffen. Ich bin genau zu diesem Zweck hier." Der ganze Saal lachte. Aber die Frohbotschaft Jesu läßt sich nicht in eine ferne Zukunft vertagen, sie gilt für uns hier und jetzt.

Einmal erhielt ich einen Brief, dessen Absender mir bisher unbekannt war. In diesem Brief stand: „Ich schreibe Ihnen wegen einer Arbeiterfamilie, der es sehr schlecht geht. Sie lebt in einem kleinen Dorf ... Der Mann leidet seit zwei Jahren an einer bösartigen Krebskrankheit, die schnell fortschreitet. Er ist kein praktizierender Katholik, aber offen für das Gespräch. Ich bin sicher, daß Ihr Besuch nicht nur für ihn ein großer Trost wäre, sondern auch für die Familie ein kostbares Zeugnis ... Ich bin nur ein entfernter Nachbar. Die Familie weiß nichts von meinem Brief."

So wurde der Schreiber dieser Zeilen, den ich nicht kannte, für mich zum Rufenden, der mich zu einem Kranken führte.

Vor einigen Jahren war ich zu Gast bei einem Ehepaar, mit dem ich über die Möglichkeiten des Diakonats nachdenken wollte. Als beim Abendessen der Nachtisch gereicht wurde, kamen wir auf das eigentliche Thema. Ich erinnere mich noch gut an die Fragen der beiden. Heute ist der Mann Diakon. Er und seine Frau sprechen heute gerne von dem denkwürdigen Abend, an dem sie erstmals von diesem Dienst in der Kirche erfuhren und ihn als eigene Möglichkeit erkennen konnten. Sie sagten mir später, daß sie sich damals in ihrer Freiheit sehr ernst genommen fühlten.

Je mehr wir solche Rufe ermöglichen, um so mehr verwirklichen wir unsere eigene Berufung als Laien, Ordensleute, Diakone, Priester und Bischöfe. Es macht froh, jedem einzelnen zu helfen, seine eigene und unverwechselbare Berufung konsequent zu leben und an deren Vertiefung Anteil zu nehmen. Auch läßt der Austausch von Erfahrungen mit anderen den eigenen Weg klarer hervortreten. Wer als Christ die Rufe der Menschen hört, wird auch offene Ohren für das Glaubenszeugnis anderer Christen haben.

Ständig werden wir gerufen; nie verhallt der Ruf

des Herrn in unserem Leben. Er engt nicht ein, sondern eröffnet neue Dimensionen. Wir dürfen uns diesem Ruf niemals verschließen, wir müssen ihn aufnehmen und in seiner Tiefe und Richtung zu verstehen suchen. Denn er befreit uns zu einer Sendung, zur Sendung für das Leben der Welt.

Allzu oft wird in der Kirche der Mut zum Neuen und zur Phantasie argwöhnisch betrachtet und in die Schranken verwiesen. Es ist schwierig, das Unerwartete anzunehmen und Neues zu begreifen, und ebenso schwierig ist es, Neues entstehen zu lassen, ohne es gleich alten Mustern anpassen zu wollen. Eine Kirche, die zum Ruf wird, findet jedoch zu ihrer schöpferischen und erneuernden Kraft zurück. Ergreift sie die Initiative, dann gewinnt sie selbst neuen Mut zur Zukunft. So können eines Tages neue Wege nach Emmaus führen.

2
Die Freiheit des Evangeliums

Johannesevangelium 21, 15–19

Jesus überrascht immer wieder. In seinem letzten Gespräch mit Petrus stellt er ihm die Frage: „Liebst du mich?" Dreimal wird Petrus mit dieser bohrenden Frage bedrängt und auf die Probe gestellt.

In seiner Predigt in der Kathedrale von Notre-Dame in Paris sagte Papst Johannes Paul II.: „Die Frage ‚Liebst du mich?' muß immer und überall neu gestellt werden. Es ist die Frage Gottes an den Menschen ..."

Die Antwort, die Petrus gibt, kennen wir gut: „Ja, Herr, du weißt genau, daß ich dich liebe."

Der Papst führte dazu weiter aus: „Petrus hat sich mit seiner Antwort auf den Weg eingelassen, der bis zum Ende seines Lebens sein Weg bleiben soll. Diese dreifache Frage: ‚Liebst du mich?' begleitet Petrus von da an. An der Antwort, die er damals gab, soll er sein ganzes Tun messen. Er kann sich von der Frage nicht losreißen. Mit ihr und mit seiner Antwort steht und fällt seine Glaubwürdigkeit."

Heute sind wir es, die sich dieser Frage ständig zu stellen haben, wohin wir auch gehen, was wir auch tun. Bevor wir eine Aufgabe in der Kirche übernehmen, ist unsere persönliche Liebe zu Jesus gefragt. Jeder verantwortliche Dienst in der Kirche setzt diese geistliche Dimension als notwendig voraus.

In diesem entscheidenden Gespräch gibt Jesus

einen Hinweis darauf, wie die Christen Kirche bilden sollen. Er weist auf den Geist hin, der den Aufbau seiner Kirche leiten soll, auf die Umgebung, die alle unsere Begegnungen in der Kirche prägen soll. Wie Jesus bei der Grundsteinlegung zum Bau seiner Kirche vorging, können wir nicht hoch genug schätzen. Die Kirche gründet nicht auf Mißtrauen, Vorwürfen und Verdächtigungen. Sie erwächst vielmehr aus erneuertem Vertrauen, aus wiederaufgenommenem Gespräch, aus wiedergefundener Brüderlichkeit.

Die Kirche gründet nicht in einer Atmosphäre der Intoleranz, des Rückzugs auf sich selbst, der Verteidigung von Machtpositionen. Sie nimmt Gestalt an in einem Klima der Zusammenarbeit, des Teilens und des gemeinsamen Suchens.

Die Kirche basiert nicht im Aufrechnen vergangener Fehler, auf Unterstellungen oder hinterhältigen Verdächtigungen. Sie wird Zeichen des Heils, indem sie sich mutig der Zukunft zuwendet, immer neu Vergebung anbietet, Versöhnung lebt und mit Leidenschaft die Gemeinschaft sucht.

Jesus sagt zu Petrus: „Als du noch jung warst, hast du dich selbst gegürtet und konntest gehen, wohin du wolltest. Wenn du aber alt geworden bist, wirst du deine Hände ausstrecken, und ein anderer wird dich gürten und dich führen, wohin du nicht willst." Dann sagt er zu ihm: „Folge mir nach!"

Es ist das zweite „Folge mir nach!", das Jesus an Petrus richtet. Seit dem Beginn seines Abenteuers mit Jesus hat Petrus einen langen Weg zurückgelegt. Zwischen den beiden Aufforderungen „Folge mir nach!" liegt eine ganze Geschichte des Glaubens und des Unglaubens, des Engagements und des Verrats, der Freuden und der Enttäuschungen. Es ist eine ganze

Liebesgeschichte, in der Petrus lernt, daß das Leben mit Christus ein empfangenes Leben ist, sein Amt ein anvertrautes Amt. Er lernt, alles zu empfangen, um alles zu geben. Er empfängt sich selbst von Gott und von seinen Brüdern: „Ein anderer wird dich führen."

Eine verantwortliche Wahl

Der Heilige Geist führt jeden von uns dazu, aus freiem Willen eine Antwort zu geben; eine Antwort, die von uns persönlich gegeben wird und nur von uns gegeben werden kann. Niemand vermag an unserer Stelle zu antworten. Jesus bietet jedem einzelnen den Weg des Evangeliums an: „Wenn jemand mich liebt. Wenn jemand auf meine Worte hört. Wenn jemand mir folgen will."

Jesus zwingt uns nicht. Er eröffnet einen neuen Weg, der unsere Entscheidung verlangt und auf dem wir persönlich in die Pflicht genommen sind. Weil wir uns daran gewöhnt haben, uns für alle Fälle des Lebens zu „versichern", scheuen wir das Risiko. Die Bereitschaft, Verantwortung zu übernehmen, schwindet. Gottes Ruf aber erfordert die Entscheidung zum Risiko und zum Einsatz. In manchen Situationen unseres Lebens spüren wir deutlich, daß der weitere Weg von unserer persönlichen Entscheidung abhängt, die uns niemand abnehmen kann.

Als ich in der Kathedrale von Évreux zum Bischof geweiht wurde, hat mich bei der Feier etwas sehr beeindruckt: die Last des Evangeliums. Von einer benachbarten Abtei hatte man ein Evangeliar mit schweren silbernen Beschlägen ausgeliehen, das mir, während ich kniete, mit seinem ganzen Gewicht auf den Nacken gelegt wurde. Während die Gemeinde sang, wartete ich etwas ungeduldig auf das Ende dieses Ritus und dachte an die Zukunft: an die Last des Evangeliums. Ein Bischof ist für das, was er tut und was er sagt, allein verantwortlich. Diese Freiheit eines Bischofs vor Gott ist großartig und beängstigend zugleich.

Wer sich auf die Begegnung mit Jesus einläßt, muß „ich" sagen können. Denn an Jesus glauben heißt, persönlich auf ihn einzugehen. Wenn Jesus fragt: „Liebst du mich?", können wir die Frage nicht auf andere beziehen oder ausweichend antworten. Auch Petrus weicht nicht aus: „Herr, du weißt alles. Du weißt, daß ich dich liebe."

Maria legt sich in Nazareth mit einem unabänderlichen Ja fest; sie wird es nicht zurücknehmen. Stellt sie eine Frage, dann nur, um dem, was Gott von ihr erwartet, noch besser zu entsprechen, um noch tiefer auf das Wort einzugehen, das an sie gerichtet ist. Maria gibt eine Antwort der Freiheit: „Ich bin die Magd des Herrn, mir geschehe nach deinem Wort."

Diese Antwort kommt aus dem Herzen und stellt den, der sie gibt, in ein Gefüge von Beziehungen hinein. Unser Ja macht uns solidarisch mit einem ganzen Volk. Sobald wir Ja zu Christus sagen, sind wir mit vielen Menschen verbunden: „Petrus, liebst du mich?" – „Weide meine Lämmer."

Das Ja Marias gilt für ein ganzes Volk, für das neue Bundesvolk. „Von nun an werden mich alle Generationen selig nennen."

Wir wissen aus Erfahrung, daß viele Menschen an unserer Antwort Anteil nehmen. Es gibt so viele, die sich an uns wenden, Vertrauen zu uns haben, auf unser Handeln warten. Wir sind mit denen verbunden, die uns anvertraut sind. Der Apostel Paulus findet eindrucksvolle Worte für die Verbundenheit auch mit den Menschen, die ihn verachten: „Ihr wohnt in unserem Herzen, verbunden mit uns zum Leben und zum Sterben" (2 Kor 7,3). Sein Schicksal ist mit dem der Korinther verknüpft.

Ja sagen zu Christus heißt nicht mehr sich selbst gehören. Immer mehr Menschen treten in unser Leben ein und werden Teil unseres Herzens, unserer Gebete und unserer Sorgen. Wohin wir auch gehen, sie sind mit uns.

In der Menschlichkeit wachsen

Bei all seinen Begegnungen gibt Jesus Zeugnis von einer großen Menschlichkeit, die sich gerade auch im Umgang mit seinen Widersachern zeigt. Wächst die Opposition und wird der Widerspruch lauter und verbissener, verhärtet Jesus sich dennoch nicht. Bis zum Schluß bewahrt er Zärtlichkeit und Sanftmut.

Man braucht das Menschliche nicht aufzugeben, um das Christliche zu gewinnen. Das Evangelium der Zärtlichkeit und der Sanftmut eröffnet einen Weg der Menschlichkeit. Das Ja zu Jesus, die Antwort der Liebe, macht den Menschen menschlicher.

– Während eines Gesprächs in einem Bibelkreis spricht Philippe über sein Leben, verdeutlicht es am Beispiel des Gleichnisses vom verlorenen Sohn. „Der verlorene Sohn kennt seine verborgene Sehnsucht nicht. Er hat sich deshalb nichts vorzuwerfen. Ich fühle mich ein wenig wie dieser Sohn. Denn das Streben nach einem gesicherten Leben hat bei mir die Sehnsucht nach echtem Leben erstickt. Ich habe mir nie die Zeit für eine tiefe Freundschaft genommen, weil ich zu sehr in Oberflächlichkeiten gefangen war. Das Evangelium will uns nicht unsere Persönlichkeit nehmen, sondern uns glücklich machen. Oft hatte ich mich gefragt, ob ich ein treuer Diener und nicht, ob ich glücklich bin. Ich war gezwungen, eine Rolle zu spielen. Erst jetzt beginnt ein neuer Abschnitt in meinem Leben. Ich breche auf, um Leben zu lernen."

– Alain wird von allen, die ihn kennen, sehr geschätzt. Er ist in all seinen Unternehmungen erfolgreich. Dabei versucht er, sich den Fragen, die ihn beschäftigen, ehrlich zu stellen. Salbungsvolles und frömmelndes Getue stoßen ihn ab. Er sagt: „Ich stehe am Anfang eines Wegs zu mehr Wahrheit und Echtheit. Ich hatte immer den Eindruck, ein braver Schüler zu sein, und dazu habe ich keine Lust mehr. Ich möchte *leben* – wahrhaftig und ohne Masken."

– Geneviève wird in ihrem Beruf und bei ihren Aktivitäten in der Pfarrgemeinde anerkannt. Es gibt niemanden, der nicht ihre Kompetenz und ihre Hingabe schätzte. Aber die Mitglieder der Gemeinde wundern sich über die Härte in ihrem Verhalten, die Distanz zu den Leuten und ihr strenges Urteil. Gegen wen schirmt sie sich bloß ab? Eines Tages sagt ihr jemand offen ins Gesicht: „Geneviève, warum zeigst du immer diese harte Fassade? Du hast so viel Zärtlichkeit, aber du weißt nicht, was du damit anfangen sollst." Diese Worte trafen sie tief.

Die Liebe allein baut auf. Eine der härtesten Verurteilungen des Evangeliums gilt all denen, die ein Herz ohne Liebe haben. Wir sind nicht geschaffen, um mit einem ausgedörrten und engen Herzen zu leben, sondern mit einem großen, weiten Herzen. Wir haben kein Herz aus Stein erhalten, sondern ein Herz aus

Fleisch. Jesus ist gekommen, um uns zu uns selbst, zu unserer Freiheit zu führen. Leben im Geist des Evangeliums führt immer zu größerer Menschlichkeit.

Im ersten Jahr meines bischöflichen Dienstes in Évreux habe ich die Priester der Diözese besucht, um sie kennenzulernen. Dabei interessierte ich mich vor allem für die Beziehungen zu ihren Gemeindemitgliedern: Wie leben die Priester mit den Menschen, die ihnen anvertraut sind? Wie sehr sind sie den Liebenden und den Leidenden verbunden? Wie leben sie in ihrer Hausgemeinschaft? Zeigen sie Mitgefühl, können sie mitleiden? Wie gehen Sie um mit Streit und Versöhnung? Wie wird bei ihnen zu Hause Kirche konkret erfahrbar?

Diese Fragen, die mich sehr beschäftigen, betreffen die seelsorgliche Nächstenliebe, von der die Texte des Zweiten Vatikanischen Konzils oft sprechen. Sie läßt die Priester in ihrer Menschlichkeit wachsen, wie man auch an dieser Menschlichkeit die Reife ihrer Berufung ablesen kann. Schon oft konnte ich dankbar erfahren, wie seelsorgliche Liebe zum Nächsten im Leben von Priestern beispielhaft verwirklicht wird.

Auch in dieser Hinsicht ist uns der Apostel Paulus ein Vorbild. Sein Herz ist erfüllt von Engagement und Hingabe für die Gemeinde, die er gegründet hat.. Wir werden Zeugen leidenschaftlicher Konfrontationen zwischen Paulus und seinen Gemeinden. Er ist empört, gerät in Wut, mischt sich gelegen und ungelegen ein, bewundert die Gemeinde und ist voller Anteilnahme. Paulus macht sich zum Werkzeug der Liebe Gottes, die durch sein Menschenherz hindurch die Gemeinden erreicht. Sein Blick ist herzlich. Er sieht Menschen, die von Christus geliebt, vom Vater anerkannt und vom Heiligen Geist getrieben sind. Er tut alles, damit sie wachsen. Was er erlebt, erlebt er für sie. Seine Freuden wie seine Leiden sollen zu ihrem Vorteil sein. Die seelsorgliche Liebe des Apostels ist ein Abbild der Haltung Jesu im Evangelium: „Für euch und für die vielen ...".

Hautnahe Begegnung mit dem Evangelium

Die Antwort, die wir Jesus geben, geschieht nicht ohne Kampf, ohne Auseinandersetzung und Prüfung, ohne Verzicht auf eigenes Geltungsstreben. Eine Unruhe kommt in unser Leben und erweckt Angst, da wir gedrängt werden, Abschied von einer gesicherten Vergangenheit zu nehmen. Das Kreuz kann nicht zurückgenommen werden. Wer das Evangelium annimmt, nimmt auch das Kreuz an. Die Worte Jesu treffen mitten ins Herz.

„Wer mein Jünger sein will, der verleugne sich selbst, nehme sein Kreuz auf sich und folge mir nach. Denn wer sein Leben retten will, wird es verlieren; wer aber sein Leben um meinetwillen und um des Evangeliums willen verliert, wird es retten" (Mk 8,34–35).

Einmal wurde ich nach meiner Meinung über eine bestimmte Person gefragt, der man eine wichtige Aufgabe übertragen wollte. Ich schlug vor, den Betreffenden zu fragen, mit welchen Schwierigkeiten er sich auseinanderzusetzen hatte, da sich doch im Kampf die wahre Stärke erweist. Es ist nicht gut möglich, einen Menschen zu kennen, ohne seine Geschichte zu kennen, ohne zu erfahren, wo er, vom Gewitter erfaßt, diesem die Stirn geboten hat.

Insofern bleibt Jakobs Kampf mit dem Engel eine

unverzichtbare spirituelle Erfahrung. Jakob muß die ganze Nacht mit Gott kämpfen, der seinen Namen nicht nennen will. Jakob wird im Kampf verletzt, ist dabei aber ein neuer Mensch geworden. Der Kampf hat ihn sich selbst enthüllt und ihn für das Werk Gottes verfügbar gemacht. Er kann seinen Weg fortsetzen, wenn er auch hinkt.

Bei meinen Pastoralbesuchen komme ich immer wieder mit leidgeprüften Familien zusammen und sehe dort viel Schmerz. Vertrauensvoll zeigt man mir die Wunden, die nicht verheilt sind: der Verlust eines Kindes, ein Familiendrama, Scheitern, Depression, Einsamkeit ... Das Leben ist manchmal zum Stillstand gekommen, seitdem das Ereignis eingetreten ist. Wenn mir dies alles oft unter Tränen anvertraut wird, ermesse ich, wie schwer diese Kreuze zu tragen sind. Sie lassen sich nicht austauschen; jeder trägt sein eigenes Kreuz.

Bei einem Bibelgespräch wurde ich einmal gefragt, welches Kreuz denn der Bischof trage. Mein Kreuz lädt mir oft die Kirche auf. Es ist das Kreuz, daß Christen das Evangelium nicht ernst nehmen, daß sie es begraben, anstatt einen Aufstand der Gewissen hervorzurufen. Ich trage mein Kreuz, wenn Christen sich nicht für die Verteidigung der Menschenrechte einsetzen, und ich leide an ihrem Schweigen in Situationen der Ungerechtigkeit.

Der von Jesus gewählte Weg der Freiheit zeigt, daß gelingendes Leben möglich ist, wie groß auch der Leidensdrucks sein mag. Hindernisse können zu neuen Wegen werden, Prüfungen zu Quellen neuer Erfahrung, schwierige Situationen zu Gelegenheiten spiritueller Hoffnung.

Jesus gibt sein Leben hin, um Leben zu ermöglichen. Er verzichtet auf sein Leben, um es neu zu ergreifen. Auf diesem Weg von Leben und Tod muß man sich verlieren, um sich zu finden. Der Mensch gewinnt seine Identität nicht aus eigener Kraft, sondern erst durch die Hingabe.

Gerade in den schwierigen Situationen seines Dienstes beweist der Apostel Paulus eine erstaunliche Freiheit. Die Hindernisse sind für ihn die Steine, durch die der Sturzbach sein Tosen erhält. Paulus geht durch die Prüfungen hindurch, ohne sich von ihnen gefangennehmen zu lassen. „Von allen Seiten werden wir in die Enge getrieben und finden doch noch Raum; wir wissen weder aus noch ein und verzweifeln dennoch nicht; wir werden gehetzt und sind doch nicht verlassen; wir werden niedergestreckt und doch nicht vernichtet" (2 Kor 4,8–9).

Das österliche Geheimnis Christi entfaltet sich eindrucksvoll in seinem Leben als Apostel. Sein Dienst ist ein Weg auf Leben und Tod, auf dem sich das Kreuz Christi stets als siegreich erweist. „Wohin wir auch kommen, immer tragen wir das Todesleiden Jesu an unserem Leib, damit auch das Leben Jesu an unserem Leib sichtbar wird. Denn immer werden wir, obgleich wir leben, um Jesu willen dem Tod ausgeliefert, damit auch das Leben Jesu an unserem sterblichen Fleisch offenbar wird. So erweist an uns der Tod, an euch aber das Leben seine Macht" (2 Kor 4,10–12).

Eine Liebesgeschichte

Auf die Frage: „Liebst du mich?" antwortet Petrus: „Herr, du weißt, daß ich dich liebe" (Joh 21,27).

Das ganze Abenteuer ist in diesem Band der Liebe

zwischen Jesus und dem Jünger verwurzelt. Es ist etwas Wunderbares, sein Schicksal ganz an Jesus zu binden, sein ganzes Leben zu einer Antwort der Liebe zu machen.

Im vierten eucharistischen Hochgebet sprechen wir Worte von schwerwiegender Bedeutung: „Wir leben nicht mehr uns selber, sondern ihm, der für uns gestorben und auferstanden ist." Welchen Herausforderungen wir auch immer begegnen mögen: die Bindung an die Person Jesu bleibt das Geheimnis unserer Lebenshingabe. Darin liegt der tiefe Sinn unseres Engagements und unserer Entscheidung.

Der Apostel Paulus sagt: „Soweit ich aber jetzt noch in dieser Welt lebe, lebe ich im Glauben an den Sohn Gottes, der mich geliebt und sich für mich hingegeben hat" (Gal 2,20).

Als ich einmal in Algerien Exerzitien hielt, wurde ich eingeladen, in einer Einsiedelei in den Bergen mit Priestern der Gemeinschaft Charles de Foucauld an einem Gebetstag teilzunehmen. In einer kleinen Kapelle hielten wir lange eucharistische Anbetung. In der Stille des Gebets, das uns vereinte, bewunderte ich die Treue dieser Priester, die seit zwanzig, dreißig Jahren und länger in diesem islamischen Land lebten, um Zeugnis für Jesus und das Evangelium zu geben. Ich war dankbar für diese Geschichte der Liebe, die jeder lebte, und mußte an das Wort des Apostels denken: „Wer kann uns von der Liebe Christi trennen?" Wer liebt, kann warten. Er läßt sich nicht irreführen.

Schon immer habe ich die Antwort bewundert, die Jakobus und Johannes Jesus auf die Frage gaben: „Könnt ihr den Kelch trinken, den ich trinken werde?" Das heißt: Könnt ihr mir in die Passion folgen, mit mir in Jerusalem leiden? Die beiden antworteten ohne Zögern: „Wir können es" (Mt 20, 22). Es ist nicht klar, ob sie den Sinn der Frage verstanden haben. Was für sie zählt, ist die Weggemeinschaft mit Jesus. Ihre Antwort entspringt nicht ihrer Phantasie, sondern der Liebe, die der Heilige Geist in ihren Herzen wachsen läßt. Der Zauber ihrer ersten Begegnung mit Jesus ist nicht verblaßt. Ihre Antwort können sie nur in einem größeren Staunen geben.

3
Jesus stellt sich dem Gang der Ereignisse

Die Passion

Jesus hat sich dem Gang der Ereignisse nicht entzogen. Sein Leben als Mensch ist ganz in sie hinein verflochten. Schon sein Auftreten und seine Botschaft rufen Unverständnis hervor. Man versucht, ihn zu disqualifizieren, ihm Fallen zu stellen und ein Komplott gegen ihn zu schmieden. Jesus ist allen Arten von Verhören unterworfen. Er wird abgelehnt, das Drama erscheint unausweichlich. Die Dinge überstürzen sich. Auf dem schwierigen Weg nach Jerusalem bereitet sich Jesus auf das große Ereignis seines Leidens vor.

In Freiheit und Entschiedenheit geht er seinem Leiden entgegen. „Niemand entreißt mir mein Leben, sondern ich gebe es aus freiem Willen hin" (Joh 10, 18). Er ist sich bewußt, bis zum Schluß den Willen seines Vaters für das Heil der Welt zu erfüllen. Jesus ist kein Spielball der Ereignisse. Die Passion ist kein Betriebsunfall, für Resignation ist in ihr kein Platz.

Mit der Kraft des Geistes steigt Jesus in die Mitte des Bösen hinab, ohne es aufzuheben. Er nimmt die Gewalt der Welt auf sich, die Ungerechtigkeit und die Sünde der Welt. Unschuldig wird er verurteilt. Als er verhöhnt wird, verzeiht er. Als Armer am Kreuz gibt er alles aus Liebe.

Die Ereignisse öffnen die Augen

Die Ereignisse des Alltags „sprechen" zu uns, sie geben Aufschluß, sie sind „Lehrmeister des Lebens", wie Blaise Pascal sagt. Manche Ereignisse sind wie Verwundungen, die zu einem neuen Lebensstil zwingen, weil sie uns plötzlich etwas Entscheidendes bewußt machen und von uns Besitz ergreifen. Sie können wie ein neues Pfingsten erlebt werden, voller unerwarteter Verheißungen.

Die Gläubigen sind eingeladen, ein Ereignis im Licht des Evangeliums und als Eingreifen Gottes in die Geschichte zu verstehen. Das bedeutet zwar, ein Risiko auf sich zu nehmen, jedoch ein notwendiges Risiko. Das Zweite Vatikanische Konzil ermuntert uns, die Zeichen der Zeit zu erforschen und die Zeichen des Reiches Gottes zu erkennen.

„Im Glauben daran, daß es vom Geist des Herrn geführt wird, der den Erdkreis erfüllt, bemüht sich das Volk Gottes, in den Ereignissen und Wünschen, die es zusammen mit den übrigen Menschen unserer Zeit teilt, zu unterscheiden, was darin wahre Zeichen der Gegenwart oder der Absicht Gottes sind" (Pastoralkonstitution über die Kirche in der Welt von heute, Nr. 11).

Über die Aufgabe der Priester sagt das Konzil in diesem Zusammenhang: „Noch so schöne Zeremonien und noch so blühende Vereine nutzen wenig, wenn sie nicht auf die Erziehung der Menschen zu christlicher Reife hingeordnet sind. Um diese zu fördern, sollen die Priester ihnen helfen, zu erkennen, was in den wichtigen und den alltäglichen Ereignissen von der Sache her gefordert ist und was Gott von ihnen will" (Dekret über Dienst und Leben der Priester, Nr. 6).

Deutet man mit anderen zusammen ein Ereignis im Licht des Glaubens, gilt es, ein Wort zu riskieren, das Zeugnis für die Frohbotschaft ist.

Nach einem Unfall

In Évreux hatte ich Gelegenheit zu einem Gespräch mit Michel Gillibert, der mit 40 Jahren einen Hubschrauberunfall erlitt und seither gelähmt ist. Das Unglück geschah am 20. September 1979. Dieser Tag stellte sein an beruflichen Erfolgen und gesellschaftlichem Ansehen reiches Leben völlig auf den Kopf. Seine Pläne und Träume waren plötzlich vernichtet, seine Zukunft zerbrochen.

In einem Interview mit Journalisten sagte Michel: „Was mir passiert ist, hat mir die Augen geöffnet. Ich habe plötzlich erkannt, daß es in Frankreich fünf Millionen Behinderte gibt; das sind 10 Prozent der Bevölkerung. Und 50 Prozent der nach Unfällen Gelähmten sind jünger als 25 Jahre."

Das Ereignis, das sein bisheriges Leben zerstörte, wurde für ihn zugleich zu einer neuen Geburt. Michel möchte bewußt und intensiv sein Leben gestalten, das voll von Einschränkungen und Verboten ist. Er sieht sich und die anderen jetzt mit anderen Augen und entdeckt neue Werte. Er setzt sich für alle ein, die wie er Opfer von Unfällen sind, gründete eine Bewegung zur Verteidigung der Interessen von Unfallgeschädigten und ein Institut zur medizinischen Erforschung des Rückenmarks.

Dieses einschneidende Ereignis wurde für Michel zum Anlaß, seinem Leben eine neue Orientierung zu geben, seine ganze Menschenwürde trotz aller Behinderungen zu erkennen und seine Solidarität mit Schicksalsgenossen aktiv zu bekunden.

Doch gibt es auch Ereignisse, die uns die Augen nicht öffnen, weil sie zu unserer alltäglichen Landschaft gehören. Durch ihre scheinbare Selbstverständlichkeit werden sie banal. Man lebt mit ihnen wie etwa mit der Arbeitslosigkeit, diesem Krebsübel der Gesellschaft, und allem, was sie nach sich zieht. Arbeitslosigkeit bedeutet nicht nur finanzielle Einbußen bis hin zur Armut; sie zerstört auch die Identität der Betroffenen und kann Familien zerrütten.

An den Rand gedrängt

Ein ungehemmter Liberalismus kann perverse Wirkungen haben. Immer mehr Menschen werden am Rand des Fortschritts zurückgelassen. Ein Abbau der sozialen Sicherung ist im Gang. In der wirtschaftlichen Krise sind viele ohne ein ausreichendes Einkommen, und die Einrichtungen sozialer Hilfe haben die Grenzen ihrer Leistungsfähigkeit erreicht. Mitten in einem „reichen" Industrieland gibt es Elend und Armut. Luxuriöse Freizeitvergnügungen stehen in schroffem Gegensatz zu neuen Formen der Armut, die immer deutlicher hervortreten. Diese Situationen des An-den-Rand-gedrängt-Werdens offenbaren einen Riß, der mitten durch unsere Gesellschaft geht und zu einem immer tieferen Graben zu werden droht. Drei Bilder haben sich mir besonders eingeprägt, die diesen Zustand fehlender Kommunikation veranschaulichen:

Häftlinge auf dem Dach eines Gefängnisses. Eine

kleine isolierte, aber solidarische Gruppe, die mit Gesten der Verzweiflung ihre Revolte zum Ausdruck bringt. Ähnliche Szenen gibt es gleichzeitig in mehreren Gefängnissen. Das alles passiert während der Ferienzeit: Während viele Menschen ihre Freizeit genießen, wollen diese vom Leben Verletzten, daß die anderen draußen ihre Schreie der Verbitterung hören. Sie riskieren ihre Zukunft und manchmal sogar ihr Leben, wenn sie ihre Botschaft über die Gefängnismauern an eine Gesellschaft richten, die ihr Dasein im Abseits und in Einsamkeit endlich ernst nehmen soll.

Jugendliche und Haftentlassene in einer Fernsehdiskussion. In der Sendung „Recht auf Antwort" von Michel Polac stellen einige junge Leute gute Fragen. Sie bemühen sich zu verstehen. Ihre Überlegungen haben Hand und Fuß. Aber ein echtes Gespräch kommt nicht zustande. Wir sind Zeugen eines Dialogs von Tauben. Ist das verwunderlich?

Die ehemaligen Gefangenen haben eine ganz andere Logik, ihre Welt ist eine andere als die ihrer Gesprächspartner. Während ihrer Haft haben sie Gewalt und Haß gegen die Gesellschaft aufgestaut. Sie fühlen sich um ihr Leben betrogen. Auf dem Fernsehpodium explodiert ihre Gewalt, sie lassen ihrer Verbitterung freien Lauf. Wer hört ihre Schreie?

Jugendliche vor Gericht. Der große Gerichtssaal ist voller Leute, die sich nicht zu kennen scheinen. Es herrscht ein drückendes Schweigen. Da es um einen Prozeß gegen einen Wehrdienstverweigerer geht, bin ich dabei.

Der Reihe nach werden die Jugendlichen vor die

Schranken des Gerichts gerufen. Keiner von ihnen hat einen Anwalt. Ohnmächtig verfolgen die Zuschauer das traurige Schauspiel des Nicht-Verstehens zwischen Richter und Jugendlichen. Welche Verachtung auf der Seite des Richters! Welch ein Graben zwischen den Fragen, die er stellt, und dem, was die Jugendlichen verstehen und beantworten können! Die etablierte Gesellschaft sitzt zu Gericht über diejenigen, die sie zuvor an den Rand gedrängt hat.

Aufrüttelnde Ereignisse

Es gibt Ereignisse, die unser Leben in Bewegung bringen, uns zum Engagement drängen. Da geht es nicht mehr um Analysen und Reflexionen, sondern um Entscheidungen, die nicht länger aufzuschieben sind. Es geht um unseren Einsatz, hier und jetzt. Wir sind gezwungen, zum Wesentlichen zu kommen.

Doch kann man sich diesem Ereignis auch verweigern und tun, als sei nichts gewesen. Man kann resignieren und sich in ein vermeintliches Schicksal fügen. Wenn wir jedoch zu Sklaven der Ereignisse werden, haben sie uns nichts mehr zu sagen. Die Erfahrung zeigt, daß vor dem Ereignis des Todes die Einstellungen verschieden sind.

Hiroshima, 6. April 1945. Dieser Ort und dieses Datum sind zu Symbolen für die Menschheit geworden. Es war ein großer Schock für die Weltöffentlichkeit. Mit diesem Drama des Schreckens hat unser Planet eine Schwelle überschritten: die Menschheit ist ins nukleare Zeitalter eingetreten. Die Explosion der ersten Atombombe über Hiroshima hat uns in eine gefährliche Ära hineintaumeln lassen, eine Ära, die bestimmt ist vom nuklearen Rüstungswettlauf und dem permanenten Risiko der Apokalypse.

Hiroshima ist zu einer Stadt des Friedens geworden. Jedes Jahr Anfang August organisieren Verantwortliche der Stadt internationale Treffen zu Fragen der nuklearen Abrüstung. Sie laden dazu Journalisten aus den Staaten der fünf Atommächte ein und fragen: „Wie können die Bürger Ihrer Länder mit dem Besitz von Atomwaffen einverstanden sein? Wie können sie ernsthaft glauben, daß man niemals von diesen Waffen Gebrauch machen wird?"

Während ich diese Zeilen schrieb, erhielt ich den Brief eines Priesters anläßlich der UNO-Woche für Abrüstung und Frieden. Er schrieb mir: „Ich träume von dem Tag, an dem man endlich begreifen wird, daß mehr Waffen weniger Sicherheit bedeuten. Ich muß an das denken, was Papst Paul VI. vor der UNO-Vollversammlung sagte: ‚Die Waffen, die gebaut werden, wird man am Ende immer auch ausprobieren.' Ich träume von dem Tag, an dem man die gigantischen Summen, die in diesen Todeswettlauf gesteckt werden, für Arbeitslose und Notleidende in Frankreich und in der Dritten Welt zur Verfügung stellt. Wenn ich aus meinem Traum erwache, muß ich immer an die 50000 Kinder denken, die in den nächsten 24 Stunden laut Statistik vor Hunger sterben werden."

Das Friedensgebet von Vertretern der großen Religionen in Assisi erregte in der ganzen Welt großes Aufsehen. Es war eine prophetische Geste Papst Johannes Pauls II. Die Rettung des Menschen ist heute in weltweitem Ausmaß zu verstehen. Wie die Wolken von Tschernobyl zeigen, macht die Bedrohung vor Staatsgrenzen nicht mehr halt. Deshalb haben die Religionen der Welt eine große Verantwortung für die Zukunft des Menschen und für die Zukunft der Erde. Im Atomzeitalter sollten die Religionen die Spaltungen und Vorurteile der Vergangenheit aufgeben, um sich in den Dienst der einen Menschheit und ihrer gemeinsamen Bestimmung zu stellen. Das Friedensgebet von Assisi war ein eindrucksvolles Zeichen des gemeinsamen Willens, eine neue Welt vorzubereiten, in der Friede möglich wird. Wir stehen erst am Anfang des Dialogs der Religionen. Die Initiative von Assisi war nur ein erster Schritt auf einem Weg, von dem jeder betroffen ist.

Kardinal Suhard sagte 1948: „Seit Christus hat sich etwas verändert. Nicht mehr die Fürsten und die Mächtigen allein entscheiden über den Gang der Ereignisse. Seitdem wird Geschichte vor allem von euch gemacht ..., von den kleinen Leuten, von denen, die in den Augen der Welt nichts gelten, den Gescheiterten und Vergessenen. Anstatt nach ‚Effizienz' zu streben – wie man das heute nennt – und die Leute in den Schlüsselpositionen aufzusuchen, geht unser Herr zunächst auf jene zu, die nichts besitzen, nichts wissen, nichts gelten. Sie macht er zu Jüngern und Aposteln."

Die Ereignisse sind eine Hilfe, besser zu verstehen

Die Ereignisse geben uns Auskunft über uns selbst und über das Evangelium. Sie werfen ein neues Licht auf die Person Jesu und auf die Kirche. Die Ereignisse ließen uns zu dem werden, was wir heute sind, wenn wir sie oft auch erst später in ihrer Bedeutung für uns erkennen.

Es ist so, wie wenn ich mit dem Auto durch ein

Dorf fahre, dessen Namen ich nicht kenne, weil ich die Ortsbezeichnung am Anfang des Dorfes nicht beachtet habe. Beim Verlassen des Dorfes drehe ich mich dann um und sehe das Ortsschild, das mir die Antwort gibt. So ist es auch mit den Ereignissen in unserem Leben. Oft dauert es eine Zeit, um zu verstehen, was geschehen ist.

Manchmal läßt sich ein Ereignis vorbereiten und dadurch sein Sinn besser erfassen, sobald es eingetreten ist, zum Beispiel die Geburt eines Kindes, die das Leben der Eltern verändert, oder ein Fest, zu dem sich Verwandte und Freunde versammeln, eine Pilgerfahrt ins Heilige Land oder auch staatliche Gedenkfeiern. Auch Jesus hat sich darum bemüht, die Jünger auf das Ereignis seiner Passion vorzubereiten.

Als ich während des Krieges in Algerien meinen Militärdienst ableistete, entdeckte ich zum ersten Mal, wie absurd die Gewalt mit ihren unerbittlichen Kettenreaktionen ist. Ich fragte mich, wie ein Ausweg aus diesem Räderwerk zu finden wäre, das den Menschen zerstört, wie man sich ohne Waffen verteidigen und Konflikte gewaltfrei lösen könnte. Auf all diese Fragen fand ich keine Antwort. Das Verhängnis des Krieges schien stärker zu sein.

Die Zeit verging, und mit Bewunderung entdeckte ich den gewaltlosen Kampf von Martin Luther King. Ein Ereignis sollte sein Leben verändern. Es war im Jahr 1955 in Montgomery in Alabama. Eine Frau war verhaftet worden, weil sie sich geweigert hatte, einem Weißen ihren Platz im Bus freizumachen. Was tun? Martin Luther King und die Führer der Schwarzen beschlossen einen Busboykott, der zu 99 Prozent befolgt wurde und 381 Tage dauerte.

Das Ereignis von Montgomery führte King dazu,

sich für den gewaltlosen Kampf mit den Waffen der Liebe und der Gerechtigkeit entschieden einzusetzen. Niemals ging es ihm darum, den Gegner zu besiegen oder zu demütigen, sondern Freundschaft und Verständnis zu suchen. Trotz dunkler Stunden blieb er davon überzeugt, daß Gewaltlosigkeit die stärkste Waffe im Kampf gegen die Ungerechtigkeit ist. Sein Glaube an Christus und seine Bindung an die Kirche waren ihm Stützen auf jenem beispielhaften Weg, der ihn zur Hingabe seines Lebens führen sollte. Dem Vorbild von Martin Luther King verdanke ich, daß ich selbst eine Alternative zur Gewalt fand. Dieser Weg der Gewaltlosigkeit wurde nicht nur bestimmend für das Verhalten in Kriegszeiten, sondern auch zum Modell für den Kampf gegen Ungerechtigkeit in unserem Alltag. Diesen Weg gehen heißt, alle Gewalt gegen das Leben und die Würde des Menschen abzulehnen.

Heute kann die Gewaltfreiheit zur Strategie eines unterdrückten Volkes oder einer mißachteten Minderheit werden. Sie ist ihr einziges wirksames Mittel. Sich der Gewalt zu widersetzen heißt, auf ihren Gebrauch zu verzichten, obwohl unsere militärischen Traditionen nach wie vor einer anderen Logik folgen. In Gewaltfreiheit müssen wir uns erst einüben, ihre Wirksamkeit erleben, um uns *ihre* Logik anzueignen und mit ihr eine neue Tradition bei uns selber zu begründen.

Ein neues, gewaltfreies Handeln der Christen sehe ich im Einklang mit der Botschaft des Evangeliums. Die „andere Wange hinzuhalten“ findet im 20. Jahrhundert in einer politisch und sozial wirksamen Praxis der Gewaltfreiheit seinen angemessenen Ausdruck.

Die Ereignisse als Zeichen der Zeit verhelfen uns auch zu einem besseren Verständnis der Kirche, die ja wie jede andere Institution von dem rasanten Wandel in Gesellschaft und Welt betroffen ist und zur tiefgreifenden Erneuerung herausgefordert wird. Wie können wir das Evangelium in einer kulturell zersplitterten Welt verkünden? Was haben die Nichtglaubenden den Kirchen zu sagen? Wie stehen die Kirchen in Situationen der Ungerechtigkeit und der Unterdrükkung zu den Aufgaben der Befreiung?

Das Tempo des Wandels verunsichert viele Christen und treibt sie zu ängstlichem Rückzug. Die Angst vor dem Risiko lähmt allen missionarischen Wagemut und begünstigt eine Pastoral der „Besitzstandswahrung". Doch die Hoffnung läßt sich nicht begrenzen, und die Verheißungen des Evangeliums lassen sich nicht ersticken. Der Heilige Geist hört nicht auf, die Frohe Botschaft auf den Wegen der Geschichte zu den Menschen zu bringen.

Papst Johannes XXIII. verglich die Kirche mit einem alten Dorfbrunnen, der den heutigen Menschen ebenso Wasser gibt, wie er es bei den vergangenen Generationen tat. Wir erleben eine Rückkehr zum Evangelium und einen Frühling der Kirche: die Geburt neuer Gemeinschaften, ein neues Wir-Gefühl der Christen; der Wille, das Evangelium in unserer Zeit zu verkünden; die Bereitschaft, Verantwortung mitzutragen; die theologische und pastorale Ausbildung der Laien ... Das alles sind verheißungsvolle Zeichen für die Kraft einer alten Quelle, aus der neues Leben hervorsprudelt.

Selbstverständlich vollzieht sich dies alles nicht ohne Schmerzen. Aber die Kirche ist unterwegs zu einer Erneuerung aus der Tiefe und zur Solidarität mit allen Menschen guten Willens. Sie ist zu einem Exodus in fremdes Land aufgebrochen. Durch den Priestermangel in unserer Zeit erhält die Eigenverantwortung der Gemeinden neues Gewicht. Die Werte der Gemeinschaft gewinnen Vorrang vor den Werten der Hierarchie. An die Stelle eines autoritären Systems tritt eine Kultur der Teilhabe; eine Haltung des Besitzens wird von einer Haltung des Dienens abgelöst.

Mehr als andere tragen die Priester die Last dieser ganzen Veränderungen, da Priestermangel und Überalterung des Klerus eine missionarische Pastoral erschweren. Die Dynamik des Evangeliums und die geschwisterliche Teilhabe an der Verantwortung der Gemeinden können jedoch zu einem Neubeginn in der Kirche führen.

4
Der verwandelte Mensch

Lukasevangelium 15, 11–32

Das Gleichnis vom verlorenen Sohn

André Malraux berichtet von einem Gespräch, das er während der Kriegsgefangenschaft mit einem Kameraden führte, der Priester war. Er wollte von ihm wissen, was er aus der Erfahrung als Beichtvater in den fünfzehn Jahren seines Priestertums gelernt habe. Der Priester antwortete: „Zunächst habe ich gelernt, daß Beichten ein Handeln Gottes ist." Und seine großen Arme zum Himmel erhoben fügte er hinzu: „Vor allem habe ich gelernt, daß es keine wirklich großen Menschen gibt."

Es ist furchtbar, von der Sünde zu sprechen. Sie ist ein Geheimnis, das sich uns aufzwingt und sich uns zugleich entzieht. Das Entdecken der Sünde läßt uns nur staunen. Unser Leben ist ein buntes Feld, auf dem gutes Getreide und Unkraut nebeneinander stehen. Das eine gibt es nicht ohne das andere. Paulus drückt diese schwierige Erfahrung jedes einzelnen wie folgt aus: „Ich tue nicht das Gute, das ich will, sondern das Böse, das ich nicht will" (Röm 7, 19).

Um zu entdecken, was Sünde heißt, halten wir uns am besten an das Gleichnis vom verlorenen Sohn. Dieser einzigartige Text nimmt den Leser durch die Tiefe und Neuigkeit seiner Botschaft, vor allem aber durch die Freude, die sie hervorruft, gefangen.

In dem Gleichnis überrascht uns die Güte des Vaters, durch die er uns eindringlich nahe kommt. Man ist versucht, die großartigen Worte des Apostels Paulus auf ihn anzuwenden: „Die Liebe ist langmütig, die Liebe ist gütig ... Sie erträgt alles, glaubt alles, hofft alles, hält allem stand" (1 Kor 13,4.7).

Wer liebt, kann warten. Er läßt sich nicht irreführen. Wenn auch die Zeit vergeht, sein Herz bleibt wach. Es ist der lange Atem der Geduld des liebenden Vaters, dessen Herz voller Erbarmen ist. Sein Mitgefühl beim Anblick des Sohnes ist nicht bemitleidendes Sichherablassen, nicht Vereinnahmung, sondern Annahme, Vergebung und Freude.

Durch sein Verhalten gibt der Vater dem Sohn seine ganze Würde wieder. Er läßt ihn leben, wie er vorher niemals gelebt hatte. Seine Güte verwandelt ihn, seine Zuneigung führt ihn zu einem neuen Anfang. „Mein Sohn war tot und lebt wieder; er war verloren und ist wiedergefunden worden" (Lk 15,24).

Die Freude des Vaters ist übergroß und teilt sich allen mit, die im Hause sind. Er ist Zeuge einer Auferstehung, denn sein Sohn lebt, und dieses Mal nicht nur für sich selbst.

Was an erster Stelle steht, ist nicht die Sünde, sondern die Liebe. Sie ist es, die zur Umkehr drängt, und nicht die Furcht oder Angst. Weil der verlorene Sohn die Güte des Vaters sieht, kann er auch seine Verblendung erkennen. Seine Umkehr ist Freude darüber, die Liebe des Vaters zu ihm zu erleben.

Blicken wir auf das Kreuz, verstehen wir, daß Gott Vater ist, denn er hat uns so geliebt, daß er seinen Sohn für uns hingab. Und blicken wir auf den gekreuzigten Jesus, verstehen wir, wie er die Sünde der Welt auf sich genommen hat.

Der verlorene Sohn mußte einen langen Umweg machen, um dahin zu kommen. Er hat seine Freiheit gefordert, wollte von niemandem abhängig sein. Aber indem er sich selbst finden wollte, hat er sich verloren. Indem er sich von seinem Vater befreite, wußte er nicht mehr, wer er ist. Indem er ein Land der Freiheit suchte, machte er die Erfahrung der Fremde, des Exils, und wurde sich selbst fremd. Er entgleitet sich selbst und nimmt seinen Zustand nicht mehr wahr. Weil er sich weigert, Sohn zu sein, lebt er in der Illusion, mit einer falschen Identität. Er trägt eine häßliche Maske, die ihn zu anderen Menschen auf Distanz hält.

Wenn er auch erfährt, daß er blind und eingesperrt ist, weiß er noch nicht, daß er anders leben könnte und daß noch nicht alle Hoffnung verloren ist. An diesem Tiefpunkt, an dem er angelangt ist, erinnert er sich an seinen Vater. Als er nicht mehr erkennt, was das Beste an ihm ist und daß sein Leben sich an der Oberfläche der Dinge abspielt, geht er plötzlich in sich (vgl. Lk 15,17). Sein Herz wandelt sich, vertrauensvoll wie ein Kind sagt er: „Ich will aufbrechen und zu meinem Vater gehen und zu ihm sagen: Vater, ich habe mich gegen den Himmel und gegen dich versündigt. Ich bin nicht mehr wert, dein Sohn zu sein; mach mich zu einem deiner Tagelöhner" (Lk 15,18f).

Auf dem Heimweg gehen ihm die Augen auf, und sein Herz beginnt zu brennen. Der herzliche Empfang durch den Vater tut ein übriges. Zum ersten Mal entdeckt er das wahre Gesicht seines Vaters und begreift, was es heißt, Sohn zu sein. In der Beziehung froher und vertrauensvoller Abhängigkeit von seinem Vater findet er sich selbst. Und diese Sohnes-Beziehung macht ihn frei.

Die Rückkehr des verlorenen Sohnes hätte eine Chance für den älteren Sohn sein können, die Chance seines Lebens. Eine einzigartige Gelegenheit, um zu verstehen, was es heißt, Sohn und Bruder zu sein. Auch er hätte das wahre Gesicht seines Vaters kennenlernen können.

Doch der Bruder weigert sich, ins Haus zu kommen und sich mit den anderen mitzufreuen. Er will seinen heimgekehrten Bruder gar nicht sehen. Sein Herz ist verhärtet. Er ist ein Opfer seiner Grundsätze und reagiert eifersüchtig auf das Verhalten des Vaters. Durch seine Intoleranz schließt er sich selbst vom Fest aus, und durch seine Verschlossenheit ist er nicht fähig, das Verhalten seines Vaters zu verstehen.

Doch der Vater liebt auch ihn mit Zärtlichkeit: „Mein Kind, du bist immer bei mir, und alles, was mein ist, ist auch dein" (Lk 15,31). Vielleicht wird auch er eines Tages verstehen, wie sehr ihn der Vater liebt, und er wird wie sein Bruder die Welt mit neuen Augen sehen.

Im Laufe des Sommers wurde Pierre-André Albertini aus einem Gefängnis des Homelands Ciskei in Südafrika entlassen. Zu seiner Rückkehr nach Évreux hatten seine Angehörigen und Freunde ein Fest vorbereitet. Auch der Bischof kam. Alles freute sich. Ein paar Tage später schrieben mir empörte Eltern: „Auch unser Sohn ist in Südafrika und tut dort seine Pflicht als Entwicklungshelfer. Wenn er in einigen Monaten nach Frankreich zurückkommt, wird die Presse kein Wort darüber verlieren, und Sie werden nicht da sein, um ihn zu begrüßen. Geht es aber um einen entlassenen Häftling, setzen Sie die ganze Welt in Bewegung und freuen sich. Wir verstehen das nicht."

Ich mußte an das Gleichnis denken. Der ältere Sohn vergleicht und verurteilt, er bleibt hart und kann sich nicht der Freude aller öffnen. Warum sollen wir uns nicht darüber freuen, wenn jemand, der in Südafrika im Gefängnis war, wieder frei ist und zu seiner Familie zurückkehren kann?

Das Krebsübel des Bösen

Die Sünde zerstört den Menschen. Selbstgenügsamkeit und Egoismus sind die Wurzeln des Bösen. Das ist die eigentliche Sünde.

Habib sitzt im Zug von Bordeaux nach Ventimiglia, ein friedlicher Passagier, der nicht ahnen kann, welch grausames Schicksal ihn erwartet. Drei junge Fremdenlegionäre stürzen sich auf ihn, schlagen ihn brutal zusammen und werfen ihn aus dem fahrenden Zug.

Diese Männer sind nicht mehr Herr ihrer selbst, sie sind wie besessen. Wer hat sie so verblendet, daß sie aus Rassenhaß ein Verbrechen begehen? Wer hat ihr Gewissen so betäubt, daß sie den Wert eines Menschenlebens nicht mehr kennen?

Bei diesem Geschehen verhielten sich die 92 Passagiere des Zuges völlig gleichgültig. Sie sahen, daß etwas passierte, griffen aber nicht ein. Während der Gerichtsverhandlung sagte ein Anwalt zu Recht: „Von dem Augenblick an, da wir so gleichgültig sind wie die Reisenden an jenem Abend im Zug von Bordeaux nach Ventimiglia, bringen wir uns in Gefahr."

Das ist es, was eine Unterlassungssünde heißt: man tut das nicht, was getan werden müßte. Es ist eine Absage an unsere Verantwortung als Menschen. Martin Luther King hat es scharf ausgesprochen: „Nicht die

Bosheit der Unterdrücker ärgert mich, sondern das Schweigen der Menschen guten Willens.“ Die Weigerung, etwas zu wagen, kommt einer Handlungsverweigerung gleich. Denn das Risiko ist Teil jeder verantworteten Handlung. Die Sünde hindert uns zu handeln und entfernt uns voneinander. Sie verleitet dazu, sich herauszuhalten.

Habibs Vater hat das ganze Geschehen in einem ergreifenden Zeugnis mit Würde ausgedrückt: „Ich habe dieses Kind aufgezogen, wie man einen Baum pflegt. Man hat ihn mir ausgerissen, noch bevor er Früchte tragen konnte.“

Vor kurzem las ich einen erschütternden Bericht von Amnesty International: eine lange Liste von Märtyrern. Auf der ganzen Welt werden die Menschenrechte von Tausenden von Frauen, Männern und Kindern mit Füßen getreten. Man hat erkannt, daß die Menschenrechte niemals ein sicherer Besitz sind, sondern täglich neu erkämpft werden müssen, oft gegen größte Widerstände – gerade in unserer Zeit.

In diesem Bericht erfahren wir von den Opfern grausamer Folterungen und stehen entsetzt vor diesem Katalog des Schreckens: Gesteinigte, Enthauptete, Gehängte, Erschossene, Vergiftete, Vergaste, durch Elektroschocks Getötete ...

Die Sünde verletzt den Menschen in seiner Würde und in seinen Rechten. Sie hindert ihn daran, die anderen als seine Brüder und Weggefährten anzuerkennen. Es ist auch eine Sünde, sich dem Bösen und der Ungerechtigkeit zu beugen. Die Sünde zerbricht die Solidarität mit den Armen.

Bei einem Treffen von Behinderten, an dem ich teilnahm, klagte einer der Anwesenden sein Leid: „Hier gibt es keine Liebe. Wir leben wie Unbekannte nebeneinander her. Im Speisesaal sprechen wir nicht miteinander, jeder verschlingt nur schnell das Essen. Man bleibt allein."

Dazu bemerkte lächelnd ein Afrikaner: „Wenn man Geld hat, versucht man, sich von den anderen abzusetzen. Genau das passiert hier. In meinem Land ist es anders. Wenn man arm ist, ist man auf gegenseitiges Helfen und Teilen angewiesen. In unseren Familien brauchen wir einander und bleiben dadurch nicht allein."

Solschenizyn schreibt von ähnlichen Beobachtungen. In einer psychiatrischen Klinik erlebte er, wie mißtrauisch Gefangene und Kranke in der Pause auf dem Hof einander begegneten. Sie standen nebeneinander und wagten nicht, sich anzusehen, einer mißtraute dem anderen. Solschenizyn erinnert an eine Definition der Hölle, die von einem Wüstenmönch stammt: „Hölle, das ist, wenn Menschen einander nicht ins Gesicht sehen können."

Ist der Verlust der Kommunikation mit unseren Weggefährten nicht eine Art Vorform der Hölle? Sünde ist immer Abbruch der Kommunikation, ist Nicht-Erkennen des anderen.

Auch die Bibel beschreibt solche Erfahrungen: Gott und Mensch stehen im Widerstreit. Es gibt eine Konfrontation zwischen dem Vertrauen, das Gott dem Menschen entgegenbringt, und dem Mißtrauen des Menschen Gott gegenüber. Die Menschen werden dargestellt als Geschwister in einem Dauerkonflikt als Brüder, die sich um den *einen* Segen Gottes streiten.

Der Unterschied wird abgelehnt. Eifersucht, Bitterkeit und Haß prägen das Herz des Menschen, der zum Unterdrücker und Mörder seines Bruders wird. Es ist der Verlust der Brüderlichkeit und Schwesterlichkeit, wenn die Kräfte des Todes über die Kräfte des Lebens siegen. Aber in diesem Drama gibt es kleine Schritte der Versöhnung. Die Geduld Gottes führt immer eine Zukunft herbei. Die Annäherungen bereiten nach und nach die Verbrüderung der Feinde vor.

Im Evangelium zerbricht Jesus die Ketten des Sünders, enthüllt die schlechten Werke und demaskiert das Böse. Er lehrt die Menschen, wieder aufrecht zu gehen und zu sich selbst und zu ihren Brüdern und Schwestern zurückzufinden. Jesus macht uns deutlich, was uns hindert, frei zu sein: „Wer die Sünde tut, ist Sklave der Sünde" (Joh 8,34).

Eine apokalyptische Szene

Das Böse durchzieht die Generationen. Ein jahrhundertealtes Gift zeitigt seine unheilvollen Folgen im Herzen des Menschen und in der Gesellschaft.

Die Wunde der Welt schließt sich nicht: Armut und Hunger in zahlreichen Ländern, Rassendiskriminierung, atomarer Overkill, Gefahren der Kernenergie, eisige Leere der Geister und Herzen, die sich jeder spirituellen Dimension verschließen ...

Der Film *Shoah* von Claude Lanzmann führt uns in die Niederungen der Menschheit. Indem er uns mit den Orten des Schreckens konfrontiert, wird uns die Maßlosigkeit des Geschehens bewußt. Die wahnsinnige Vernichtung eines Volkes ist fehlerlos und durchdacht durchgeführt worden. Die Juden sollten nicht wissen, wohin man sie führt und was sie erwartet. Sie mußten ohne Panik und in peinlicher Ordnung in die Gaskammern marschieren. Nichts konnte die dämonische Maschinerie durcheinanderbringen.

Millionen unschuldiger Menschen sind auf diese Weise im Rauch der Schornsteine aufgegangen: Männer, Frauen und Kinder, die sich von der Menschheit verlassen fühlen mußten. Und die Welt blieb stumm ... Die Bilder und Worte dieses Films bewegen sich an der Grenze des Erträglichen; so sehr erregt uns das Übermaß des Bösen.

Wer den Film *Shoah* gesehen hat, versteht besser, wie tief die Sünde im Herzen des Menschen wohnen kann. Der Abstieg in diesen Abgrund offenbart uns die Sünde der Welt.

Die Sünde verdirbt Bindungen, pervertiert Beziehungen, spaltet Gruppen, zerbricht Solidarität und zerstört ganze Völker. Erzbischof Romero, der Märtyrer von El Salvador, zögerte nicht zu sagen: „Je mehr die Kirche dem unterdrückten Volk zu dienen versucht, um so besser versteht sie, was Sünde ist."

Heute ist das biblische Gleichnis vom prassenden Reichen und vom armen, hungernden Lazarus im Weltmaßstab zu verstehen: Einige Gesellschaften befinden sich in einem zügellosen Konsumwettlauf, während andere in Elend und Hunger leben. Die Situationen der Ungerechtigkeit breiten sich aus, der Graben zwischen armen und reichen Ländern wird tiefer. Millionen von Hungernden der Dritten Welt machen uns die geistliche Not jener, die im Überfluß leben, mit Händen greifbar.

Egoismus ist ein anderer Name für Sünde, ein Hindernis für die solidarische Entwicklung der Völker.

In der Bibel sehen wir, wieviel Zeit die Formung eines Volkes in Anspruch nimmt. Gott zeigt Geduld, um das Volk des Bundes heranzubilden. Wieviele Etappen sind notwendig, um das Bewußtsein zu schaffen, zu einem Volk zu gehören! Wieviele tastende

Versuche, um angemessene Strukturen zu schaffen! Die Zusammengehörigkeit des Volkes wird sich in der Treue zu den Einrichtungen des Bundes erweisen. Aber die Sünde wird nicht davon ablassen, ein geduldig geknüpftes Netz der Solidarität wieder aufzulösen. Die Sünde zerstört.

Jesus nimmt die Sünde der Welt hinweg. Er ist das Licht der Welt, das Licht für den Menschen von heute; er stirbt am Kreuz, um den Haß zu töten.

„Seht den Menschen!"

Jesus ist der Mensch, wie Gott ihn will: Bild und Gleichnis Gottes, in Harmonie mit sich selbst, mit seinen Brüdern und Schwestern, mit der Schöpfung.

Das ist der Mensch, der im Licht erstrahlt und in sich das Licht Gottes aufscheinen läßt!

Das ist der Mensch, der sein Leben von Gott empfangen weiß, der sich vom Geist bewegen läßt und sich zur universalen Geschwisterlichkeit öffnet!

Das ist der Mensch, der die Schranken des Hasses sprengt, um uns aus aller Gefangenschaft zu befreien!

Jesus hat die Leidenschaft Gottes für den Menschen gelebt. Er ist den Weg der kleinen und einfachen Leute gegangen. Er war Zeuge der Zeichen der Befreiung, die in seinem Volk geschahen. Er freute sich über all die kleinen Auferstehungen, die den Menschen aufrecht halten. Sein Herz bebte, als er sah, wie die Armen die Frohbotschaft vom Reich Gottes aufnahmen. Er ließ seiner Freude freien Lauf, als die Enterbten dieser Welt die Hoffnung einer neuen Welt mit offenen Händen entgegennahmen: „Ich preise dich, Vater, Herr des Himmels und der Erde, weil du all das den Weisen und Klugen verborgen, den Unmündigen aber offenbart hast. Selig sind die, deren Augen das sehen, was ihr seht. Ich sage euch: Viele Propheten und Könige wollten sehen, was ihr seht, und haben es nicht gesehen, und wollten hören, was ihr hört, und haben es nicht gehört" (Lk 10,21.23–24).

Der 8. Dezember 1987 ist der Tag eines historischen Ereignisses: Zum ersten Mal haben sich die beiden mächtigsten Nationen der Erde darüber geeinigt, Atomwaffen zu vernichten. An diesem Tag wird zum ersten Mal mit der Einladung des Propheten Jesaja ernst gemacht, Schwerter zu Pflugscharen und Lanzen zu Sicheln umzuschmieden. Der Weg zur Abrüstung ist frei. Zur Feier dieses Ereignisses habe ich die Glokken der Kathedrale von Évreux läuten lassen.

Seit dem Kommen Jesu ist die Sünde kein absolutes Hindernis mehr. Wo die Sünde sich breit macht, ist die Gnade noch stärker.

„Wir danken dir, Gott, allmächtiger Vater,
und preisen dich für dein Wirken in dieser Welt
durch unseren Herrn Jesus Christus:
Denn inmitten einer Menschheit,
die gespalten und zerrissen ist, erfahren wir,
daß du Bereitschaft zur Versöhnung schenkst.

Dein Geist bewegt die Herzen,
wenn Feinde wieder miteinander sprechen,
Gegner sich die Hände reichen
und Völker einen Weg zueinander suchen.

Dein Werk ist es,
wenn der Wille zum Frieden den Streit beendet,
Verzeihung den Haß überwindet
und Rache der Vergebung weicht."

(aus dem Hochgebet zum Thema „Versöhnung")

5
Herr, lehre uns beten

Jesus betet

„Jesus betete einmal an einem Ort“ (Lk 11, 1). Wir erfahren nicht wo und wann. Wichtig ist, was Jesus tut: er betet.

Ich werde die Menschen nicht vergessen, die ich eines Tages beim Gebet beobachtet habe. Welch ein Friede sprach aus ihren Gesichtern, welch ungewöhnliche Schönheit ging von ihnen aus! Eine innere Kraft hatte sie erfaßt und hielt sie ganz in sich gesammelt. Ich hatte das Gefühl, mit ihnen vereint zu sein, indem ich mich auch in das Geheimnis zu versenken suchte, das sie bewegt und aus dem sie leben.

Gewöhnlich sehen die Jünger Jesus mit der Menge, die ihn von allen Seiten bedrängt. Sie wissen, daß er auf die Schreie der Leidenden hört und Erbarmen mit seinem leidenden Volk hat. Sie sehen, wie er heilt, befreit, aufrichtet und lehrt. Sie folgen dem, der überall die Gute Nachricht verkündet. Hier jedoch bleibt Jesus abseits der Menge und verharrt im Gebet.

Die Jünger spüren die Bedeutung dieses Augenblicks der Innerlichkeit für Jesus. Er ist in Verbindung mit seinem Vater; das ist der Atem, das Geheimnis seines Lebens. Ihm geht es nicht darum, andere durch sein Gebet zu „erbauen“. Beten ist für Jesus: leben in der Bewegung des Geistes. Es ist für ihn eine Frage der Wahrheit, die Weise seines Seins: Jesus erhält seine Sendung durch den Vater; er nimmt die Liebe des Vaters ganz entgegen. Er empfängt sich vom Vater als vielgeliebter Sohn. Beten ist dasselbe wie lieben.

Ein junges befreundetes Ehepaar besuchte mich auf der Durchreise in Évreux. Nach einem ausgiebigen Gespräch machten wir einen Spaziergang durch die Stadt und besuchten dabei auch die schöne Basilika. In der Stille des weiten Kirchenraumes saß ganz hinten eine Nonne im Gebet versunken. Meine Gäste sahen sie staunend an. Wir gingen weiter und bewunderten die Glasfenster der Basilika, die Heiligenstatuen und die herrlichen Gewölbe. Im Laufe des Tages kam das junge Paar noch einmal auf das Gesicht der Frau, die sie in der Basilika beten gesehen hatten, zu sprechen, als wäre es die wichtigste Erinnerung an den Besuch in der Kathedrale.

Bei der Katechese für Jugendliche stelle ich oft die Frage: „Habt ihr schon einmal jemanden gesehen, der betet?" Die meisten antworten darauf: nein. Nur wenige haben je ihre Eltern beten gesehen, höchstens die Großmutter, wenn sie den Rosenkranz betet.

Während der Karwoche hielt ich einmal Exerzitien für Priesteramtskandidaten in einer Benediktinerabtei. Am Abend unseres Ankunftstages erfuhren wir, daß die Mönche ihre Gebete ohne Ausnahme in lateinischer Sprache beten. Deshalb stellte sich für uns die Frage, ob wir während der Karwoche an der Liturgie der Mönche teilnehmen oder unter uns bleiben und auf französisch feiern.

Bevor wir eine Entscheidung trafen, nahmen wir an der Komplet der Benediktiner teil. Im Halbdunkel der Kirche sangen und sprachen die Mönche die Psalmen und Gebete auswendig. In der Stille der Nacht trugen sie den demütigen Lobgesang der Kirche vor Gott und gaben sich vertrauensvoll in die Hände des Vaters. Wir erlebten eine im Gebet versammelte Gemeinschaft.

Ich war am nächsten Morgen gar nicht überrascht, als sich die Seminaristen einstimmig dafür entschieden, das Stundengebet mit den Mönchen zu feiern. Sie hatten eine Gemeinschaft im Gebet gesehen und konnten sich dieser überzeugenden Kraft nicht entziehen.

Das Lukasevangelium berichtet von verschiedenen Situationen, bei denen Jesus betet: er betet bei seiner Taufe im Jordan (vgl. Lk 3,21–22). Seine Sendung ist noch vor allem Handeln ein Empfangen, ein Ergriffensein vom Geist. Später verläßt Jesus die Menschenmenge, um sich zum Gebet zurückzuziehen (Lk 5,15–16). Das Gebet ist für ihn die lebenswichtige, ständige Verbindung zum Vater. Vor einer wichtigen Entscheidung verbringt Jesus die Nacht im Gebet. So bringt er seine Schwierigkeit vor Gott, die richtigen Menschen zu berufen, die Zeugen der Gegenwart Gottes in seinem Volk sein sollen – Menschen mit all ihren Schwächen –, die aber Zeichen des Heils setzen und das Wort der Erlösung verkünden sollen.

Das Gebet ist deshalb keine Nebensache, sondern gehört in die Mitte des Lebens Jesu. Es geht seinem Handeln voraus und ist die Quelle seiner Entscheidungen (vgl. Lk 6,12–16). Mitten im nächtlichen Gebet reift der Entschluß. Der Tag kommt, und Jesus beruft seine Jünger; er wählt zwölf, die er Apostel nennt.

Wie es ein Risiko gibt, nicht zu beten, so gibt es ein Risiko zu beten: Die Verwirklichung von Gottes Plänen gilt mehr als alles, was wir tun möchten. Das Gebet ist kein Rückzug auf uns selbst, sondern öffnet uns für die Leidenschaft für Gott und die Leidenschaft für die Menschen.

Papst Johannes Paul II. sagte zu französischen Bischöfen in Rom: „Wer von euch kniet nicht vor einer großen pastoralen Aufgabe, die er sich vorgenommen hat, nieder, um für diese Mission den Geist Gottes zu erbitten? Das Gebet ist ganz einfach unerläßlich, denn es geht darum, das Werk Gottes zu tun und nicht unser Werk" (Januar 1987).

Das Gebet ist kein Gegengewicht zum Handeln, sondern dessen tragender Grund.

Jesus betet vom Eintreten des Ereignisses an, das sich ihm darbietet und das er entdeckt. Als die Jünger von der Aussendung zurückkehren, berichten sie begeistert, was sie erlebt haben. Nachdem Jesus sie angehört hat, ruft er voll Freude, vom Heiligen Geist erfüllt, aus: „Ich preise dich, Vater, Herr des Himmels und der Erde, weil du all das den Weisen und Klugen verborgen, den Unmündigen aber offenbart hast" (Lk 10,21).

Er dankt Gott dafür, mit seinen Jüngern Zeuge des kommenden Reiches zu sein. Das Lesen der Zeichen, die seine Jünger gesetzt haben, läßt ihn den außergewöhnlichen Charakter dessen ermessen, was gerade geschehen ist: „Selig sind die, deren Augen sehen, was ihr seht. Ich sage euch: Viele Propheten und Könige wollten sehen, was ihr seht, und haben es nicht gesehen, und wollten hören, was ihr hört, und haben es nicht gehört" (Lk 10,23–24).

Das Gebet beschränkt sich nicht auf im voraus festgelegte Zeiten. Es läßt sich bei einer Begegnung nicht vorhersehen. Es nimmt seinen Ausgangspunkt von der Situation, in der wir uns befinden, und durch das Wirken des Heiligen Geistes entspringt es in unserem Herzen.

Seit mehreren Jahren kenne ich Daniel und seine Frau. Sie setzen sich für Zigeuner und für entlassene Strafgefangene ein und ernten dafür manches Mißtrauen und manche Schwierigkeiten. Wenn ich Daniel zuhöre, werden meine Gedanken wie von selbst zum Gebet. Glücklich ist, wer so handeln kann! Er ist keiner, der sich mit den Ellenbogen durchsetzt, er kämpft mit den Waffen der Liebe, mit den Möglichkeiten des Evangeliums. Durch sein Engagement werden die Zeichen des Gottesreiches sichtbar gemacht.

Jesus lehrt uns, daß das Gebet auch ein Kampf ist. Das Gebet Jesu in Gethsemani ist vielen Menschen deshalb eine Hilfe, weil es aus tiefer Not kommt. „Und er betete in seiner Angst noch inständiger, und sein Schweiß war wie Blut, das auf die Erde tropfte" (Lk 22,44). Elie Wiesel, der Friedensnobelpreisträger von 1986, spricht aus Erfahrung, wenn er sagt, daß man sich gegen Gott auflehnen, mit ihm hadern, aber nicht ohne ihn leben kann. Wie hätte Jesus die Passion ohne die Kraft des Gebets auf sich nehmen können?

Jesus betet. Er zögert nicht, sich dafür Zeit zu nehmen, obwohl er immer mit seinem Vater verbunden ist. Beten ist für ihn lebensnotwendig.

Beten heißt immer Zeit haben für Gott. Es ist keine verlorene Zeit, sondern nutzbringende Zeit. Sich Zeit nehmen und sie verschenken ist ein Weg, sich für das Leben anderer einzusetzen. In unseren übervollen Terminkalendern und verplanten Tagesabläufen gibt es keine Zeit zum Beten. So lautet jedenfalls unser

Alibi. Doch haben wir Zeit, erwartet uns eine andere Prüfung.

Ich erinnere mich an einen August in Nazareth, den ich dort mit Priestern zu Einkehr und Gebet verbrachte. Der Montag war Wüstentag: am Morgen ging jeder von uns hinaus in die Natur und suchte sich einen passenden Ort, um den Tag in der Gegenwart Gottes zu verbringen. Jeder hatte nur das Nötigste bei sich: ein wenig zu essen, die Bibel und ein Gebetbuch. Schon sehr bald erlebten wir, wie die Zeit sich hinzuziehen begann. Es war eine Prüfung, die so unerträglich wurde, daß einer der Priester ziemlich rasch ins Gästehaus zurückkehrte und erklärte, daß es schwierig sei, „vor dem Herrn in der Sonne zu schmoren".

Das Gebet unterscheidet sich durch die erfahrbare Zeit, durch das unausweichliche Erleben von Zeitlichkeit, von der Arbeit und den Begegnungen. Ohne das Gebet vergessen wir, daß Gott am Werke ist. In einer Welt, die dem Nutzen und der Effektivität den Vorrang gibt, hebt das Gebet das Unverdiente, das, was uns großzügig geschenkt ist, hervor. Lebt nicht auch eine Freundschaft von einer gewissen Großzügigkeit, mit der man sich Zeit schenkt?

„Herr, lehre uns beten"

Als Jesus sein Gebet beendet hat, bittet ihn einer der Jünger: „Herr, lehre uns beten."

Das Gebet steht niemals in unserer Macht, sondern wird immer als Gnade empfangen. Wir werden immer Lehrlinge des Gebets sein. Wären wir mit unserem Gebet zufrieden, würden wir nicht mehr danach verlangen, beten zu lernen. Je mehr man betet, um so mehr entdeckt man, daß man nicht beten kann.

Unser Gebet kann immer nur eine Antwort sein. Gott handelt als erster, er ist uns immer voraus. Der Heilige Geist kommt unserer Schwachheit zu Hilfe. Es gibt in uns selbst einen Weg, auf den wir uns sofort einlassen können, um den Heiligen Geist, der in unserem Innersten spricht, zu hören. Gott ist in uns in einer Weise gegenwärtig, für die es keinen Vergleich gibt. In jedem von uns sprudelt eine verborgene Quelle. Im Grunde unserer Seele ist eine enge Tür aufzutun, um den Schrei zu hören, den der Heilige Geist in uns hervorbrechen lassen will.

Obwohl jedes Gebet eine persönliche Prägung hat – wie der Klang einer Stimme oder wie ein Gesicht –, macht es die Betenden miteinander solidarisch. Der Jünger wendet sich nicht als einzelner an Jesus, vielmehr sagt er: „Herr, lehre *uns* beten." Dieses „uns" zeigt sein Zugehörigkeitsgefühl zu einer Gruppe. Wir können nur beten lernen, wenn wir bereit sind, gemeinsam zu beten: in der Kirche, in Gemeinschaft mit unseren Brüdern und Schwestern. Wer betet, ist niemals allein.

Die Entwicklung unserer Art und Weise zu beten ist ein Hinweis darauf, wie weit wir in unserem Glaubensleben fortgeschritten sind. Das Gebet ist an die Etappen unseres Lebens gebunden, wie auch an die Situationen, in denen wir uns befinden. Eine Mutter betet nicht mehr wie früher, als sie ein junges Mädchen war, ein Priester nicht mehr wie ein Seminarist, ein Kranker nicht wie ein Gesunder. Das braucht nicht zu wundern, denn wir beten so, wie es unserem Alter entspricht, unseren Aufgaben und unserer Situation. Das Ideal besteht nicht darin, zu Formen des Gebets zurückzukehren, die uns einmal vertraut waren, sondern dem Wirken des Geistes in uns zuzustimmen.

Wenn die Weise des Betens sich ändert

Was geschieht bei dem, der betet und eine Veränderung in seiner Gebetsweise feststellt? Es gibt Zeichen, die den Sinn einer bestimmten Entwicklung andeuten.

Das Gebet „gelingt", indem es einfach wird. Es verbindet, entzerrt, führt zum Wesentlichen. Der Horizont eröffnet sich nicht, indem er sich verdunkelt. Das Gebet ist keine Gelegenheit, sich neuer Probleme bewußt zu werden. Das Gebet richtet uns auf Jesus hin, der uns zum Vater führt, zu seinem Heilshandeln für die Menschheit. Ein solches Gebet ist oft ein Akt des Dankes.

Ein altes Ehepaar, dessen Leben die Geschichte einer langen Liebe war, wußte mit den ihm eigenen Worten zu beten. Das Gebet war Teil ihres Lebens. Als die Frau eines Tages in die Klinik gebracht werden mußte, da ihre Krankheit bedrohlich wurde, sagte sie zu ihrem Mann: „Laß uns zusammen beten, vielleicht ist es das letzte Mal." Sie dankten dem Herrn für das gemeinsame Leben, für ihre drei Kinder, für den Sohn, der Priester geworden war. Danach fuhr der Krankenwagen mit ihr davon.

Der Ehemann trug in seiner Jackentasche immer eine lange Liste mit Namen mit sich. Frühmorgens ging er in das kleine Eßzimmer und kniete nieder. Weil sein Gedächtnis schon nachgelassen hatte, nahm er die Liste und trug jeden einzelnen Namen dem Herrn im Gebet vor. In dieser Haltung wurde er eines Morgens vom Tod überrascht.

Das Gebet macht das Herz weit und befähigt uns zur Nächstenliebe. Es weitet den Horizont, öffnet uns für die Zukunft Gottes und vertreibt die Intoleranz.

Es neigt zum Universellen. Niemand ist ausgeschlossen. Der Apostel Paulus sorgt sich um alle Gemeinden. Das Gebet führt uns nicht zur Zurückgezogenheit auf uns selbst.

Bei meiner Bischofsweihe in der Kathedrale von Évreux wurde ich gefragt: „Sind Sie bereit, unermüdlich für das Volk Gottes zu beten?" Die Menschen, denen ich begegne, bringen mich zum Beten. Ich sehe ihre Gesichter vor mir, wenn ich bete. Mit ihnen danke ich, mit ihnen bitte ich, mit ihnen schreie ich ihre Empörung hinaus. Jeden Morgen bete ich für diejenigen, denen ich tagsüber begegnen werde: daß der Herr verwirklichen möge, was er durch unser Bemühen und unsere Arbeit verwirklichen will. Einem Menschen, für den man betet, kann man nicht mehr gleichgültig gegenübertreten. Kehre ich am Abend ins Bischofshaus zurück, bete ich in der Kapelle für alle, denen ich während des Tages begegnet bin, und ich empfehle dem Herrn Glückliche und Leidende. Ich bitte ihn, einen kaum begonnenen Dialog, eine schwierige Begegnung zum Guten zu führen. Daß er so, wie er will, wachsen lasse, was gesät wurde. Ich vertraue jene seiner Barmherzigkeit an, die mich ablehnen, und bitte darum, daß wir alle mehr Liebe lernen.

Wenn das Leben der Menschen uns nicht zum Beten veranlaßt, kann man sich fragen, wie es um die Qualität unserer Beziehungen zu ihnen, um unsere Solidarität mit ihnen wirklich bestellt ist.

Das Gebet gibt uns einen Platz mitten in der missionarischen Sendung der Kirche und macht uns für diesen Auftrag verfügbar. Die Erneuerung der Sendung der Kirche verändert unser Gebet. Wir gehören zu einer Kirche, die feiert und betet, um das Werk Gottes zu tun. Die Kirche ist es, welche die Frohbotschaft verkündet und einen Auftrag zu erfüllen hat. Sie dient einem einzigen Ziel: dem Kommen des Reiches Gottes.

Immer wenn Christen begreifen, daß sie Teil einer Diözesankirche sind, in der sie Mitverantwortung für den Dienst am Menschen tragen, verändert und erneuert sich ihr Beten. Denn dann geht Kirche sie unmittelbar an.

Eine alte Frau, die ihr Haus nicht mehr verlassen konnte, wartete auf meinen Besuch. Kaum war ich bei ihr, vertraute sie mir ein Geheimnis an: „Jeden Tag bete ich für Sie. Ich opfere mein Leben für Ihr Apostolat auf." Ihr Gebet stellte sie in das Herz der Sendung der Kirche. Paulus brauchte das Gebet seiner Gemeinden, um „mit Freimut das Geheimnis des Evangeliums zu verkünden" (Eph 6,19). „Ich bitte euch, meine Brüder, im Namen Jesu Christi, unseres Herrn, und bei der Liebe des Geistes: Steht mir bei und betet für mich zu Gott ..." (Röm 15,30).

Für Paulus ist das Apostelamt ein furchtbarer Kampf, der die Solidarität aller Christen erfordert. An die Kolosser schreibt er: „Betet auch für uns, damit Gott uns eine Tür öffnet für das Wort und wir das Geheimnis Christi predigen können, für das ich im Gefängnis bin; betet, daß ich es wieder offenbaren und verkündigen kann, wie es meine Pflicht ist" (Kol 4,3–4).

Weil ich weiß, daß dieses missionarische Gebet bei vielen Christen der Diözese von Évreux und darüber hinaus lebendig ist, übernehme ich dankbar und ermutigt die großartigen Worte des Apostels: „Ich will mit keinem Wort mein Leben wichtig nehmen, wenn ich nur meinen Lauf vollende und den Dienst erfülle, der mir von Jesus, dem Herrn, übertragen wurde: das Evangelium von der Gnade Gottes zu bezeugen" (Apg 20,24).

Jesus vertraut uns nicht nur sein Gebet an, er setzt es in uns fort durch die Gegenwart des Heiligen Geistes. Mitten in seinem Volk erschallt sein Ruf nach dem Kommen des Gottesreiches. Angesichts der Ungerechtigkeit und Gewalt in der Welt bringt er in uns und durch uns sein Leiden und seine Leidenschaft für das Kommen des Gottesreiches zur Sprache. Dieses Reich verwirklicht sich nicht nur bei der Feier der Sakramente. Es ist überall dort, wo Menschen ihre wahre Berufung verwirklichen, wo Frieden, Gerechtigkeit, Geschwisterlichkeit und Wahrheit wachsen. Das Reich Gottes soll wachsen und sich ausbreiten, bei allen Völkern der Erde, an allen Orten und zu allen Zeiten. Es gibt keine anderen Hindernisse und Grenzen als die, die der Mensch selbst diesem Wachsen entgegenstellt. Es breitet sich überall aus, wo Frauen und Männer sich dem Wirken des Heiligen Geistes öffnen für den Dienst an ihren Brüdern und Schwestern.

„Da nämlich Christus für alle gestorben ist und da es in Wahrheit nur eine letzte Berufung des Menschen gibt, die göttliche, müssen wir festhalten, daß der Heilige Geist allen die Möglichkeit bietet, diesem österlichen Geheimnis in einer Gott bekannten Weise verbunden zu sein" (Zweites Vatikanisches Konzil, Die Kirche in der Welt von heute, Nr. 22).

Wenn man glaubt, daß der auferstandene Christus im Herzen jedes Menschen durch die Kraft des Geistes handelt, dann wird das Gebet oft zur Betrachtung des Heilshandelns Gottes im Leben der Menschen. Dann kann jeder Glaubende, der aufmerksam ist, auch in den gewöhnlichen Ereignissen des Alltags Zeichen erkennen, die ihn zum Danken veranlassen.

Ein Gefangener schrieb mir: „Ich möchte so sehr meinen Stolz mit den Füßen zertreten und meiner Frau einen langen Brief schreiben, um sie um Verzeihung zu bitten und sie auch zu fragen, ob sie mir verzeihen kann. Ich liebe sie sehr und habe große Gewissensbisse, so viele Fehler, die ich mir vorwerfe. Deshalb möchte ich beten, weil ich weiß, wie schwer es ist zu verzeihen. Jesus hatte diese Kraft: ‚Vater, vergib ihnen, denn sie wissen nicht, was sie tun.' Selbst wenn meine Frau mir nicht vergibt, will ich ihr das nicht nachtragen. Ich möchte ihr auch verzeihen, daß sie mir nicht verzeiht. Denn ich glaube inzwischen zu wissen, was lieben heißt."

Mehr noch als große Worte laden kleine Gesten der Solidarität, die dem Alltag Farbe geben, zum Dank ein, vor allem dann, wenn sie von Bedürftigen kommen. Auf der Stelle regt sich in uns das Lob. So durchdringt, im Licht des Glaubens betrachtet, das Gebet mit der Zeit alles, was wir tun. Und was wir mit Licht und Schatten leben, mündet in die große Danksagung der Eucharistie, wo es Sinn und Kontur erhält. So verstehen wir die Bedeutung der Bitte des Apostels Paulus in seinem Gebet für die Christen in Philippi tiefer: „daß eure Liebe immer noch reicher werde" (Phil 1,9).

6
Das Brot teilen

Markusevangelium 6,30–44

„Als Jesus die vielen Menschen sah, hatte er Mitleid mit ihnen“

Die Menge ergreift die Initiative, Jesus zu suchen und findet ihn schließlich. Jesus verweigert sich dieser Menge nicht, die auf ihn wartet. Wenn die Menge da ist, ist er ihr verpflichtet. Es ist ergreifend und großartig zugleich, wie Jesus der Menge begegnet: mit leeren Händen, doch mit einem Herzen, das von Mitgefühl bebt. In seinem Blick spiegelt sich das ganze Erbarmen, das ihn erfüllt. Die Menge täuscht sich nicht. Sie erkennt in ihm ihren Hirten.

Bevor er etwas tut, nimmt Jesus sich die Zeit, sein Volk anzuschauen und die Gefühle der Zärtlichkeit, die ihn bewegen, in sich aufsteigen zu lassen. Danach findet er die passenden Worte, um sich an die Menge zu wenden, und teilt lange mit ihr das Brot des Wortes und stillt ihren Hunger nach seiner Unterweisung.

Auch wir gehören zu dieser Menge, die Jesus voller Menschlichkeit anblickt. Denn immer, wenn sich Christen zur Feier der Eucharistie versammeln, geschieht dies unter dem Blick des guten Hirten. Wenn Bänke und Stühle zu Beginn des Gottesdienstes leer bleiben, denke ich oft an die, welche niemals in die

Kirche kommen. Auch für sie wird Eucharistie gefeiert, auch für die unüberschaubare Menge jener, die sich von der Kirche nicht betroffen fühlen.

„Gebt ihr ihnen zu essen"

Jesus beteiligt die Apostel an seinem Werk und schenkt ihnen Vertrauen. Er braucht sie; ohne sie will er nichts tun. Er, der alles geben wird, beginnt zu fordern. Schon sehr weniges kann man mit anderen teilen. Sobald man zu teilen anfängt, wird alles möglich. Jemand aus der Menge hat fünf Brote und zwei Fische. Der Evangelist Johannes fügt hinzu, daß es sich um einen kleinen Jungen handelte. Dank seiner wird das Teilen möglich. Weil der Junge bereit ist, das wenige, das er hat, abzugeben, kann die Menge gespeist werden. Fünf Brote und zwei Fische – das ist fast nichts. Aber Jesus wird von diesem wenigen ausgehen, damit der Menge nichts fehlt.

Er sagt zu jedem von uns: „Bring das mit, was du hast. Öffne deine Hände, und ich werde deine Gabe verwandeln. Komm mit dem Ruf, den du empfangen hast, mit den Aufgaben, die dir anvertraut sind, und ich werde mit Macht an dir handeln." Jesus, der sich verschenkt, verlangt unsere Hingabe, unser Leben. Mit ihm wird die Gabe des Menschen zur Gabe Gottes verwandelt. Was wir ihm darbringen, wird durch ihn zur Lebensnahrung für alle. Jeder gibt das, was er zum Wohl und zum Leben aller hat. Die fünf Brote und zwei Fische sind zur Lebensspeise geworden, durch die die Menge satt wird. Auch die Eucharistie vollendet sich nicht ohne uns. Aber was wir in der Eucharistie empfangen, ist wichtiger als das, was wir geben konnten.

Jesus läßt für die Menge die Gesten des Teilens lebendig werden

Sobald man seine geschlossenen Hände öffnet, wird Teilen möglich. Was wir zu geben bereit sind, verwandelt sich. Mit jeder Geste des Teilens verlassen wir die Welt des Besitzens, die uns gefangenhält, und treten in die Welt der Gemeinschaft ein, die uns befreit und uns allen öffnet. Wenn wir anderen etwas von uns selbst geben, sind wir niemals Verlierer. Wir haben eine neue Lebensweise gefunden.

In einer brasilianischen Favela, die von Kindern wimmelte, brachte mich eine Ordensschwester mit einigen Familien zusammen. Unterwegs vertraute sie mir an: „Die Menschen hier können Brüder und Schwestern genannt werden, weil sie das wenige, was sie haben, zu teilen bereit sind." Teilen macht zu Brüdern. Wenn wir nicht mehr teilen, hören wir auf, für die anderen Brüder zu sein.

Der Junge gab das, was er hatte, für die Menge. Er erhält nicht nur sein Brot und seinen Fisch wieder, sondern eine wunderbare Nahrung, die die Menge sättigt. Bis heute fahren wir fort, aus den zwölf Körben der Brotvermehrung zu leben.

Wenn wir uns zur Feier der Eucharistie versammeln, sind wir zum Teilen eingeladen. Das geteilte Brot verwandelt den, der es empfängt, zu einem Menschen, der teilt. Was wir geben, wird durch Christus und in ihm verwandelt und zum Lebensbrot für alle. Wenn wir den Leib Christi empfangen, erhalten wir Anteil an der Lebensgemeinschaft mit ihm. Es ist ein wunderbarer Tausch der Gemeinschaft der Heiligen, in der jeder mehr empfängt, als er gibt!

Die Zeichen der Brotvermehrung sind schon die Zeichen des Abendmahls: die gelebte Liebe des eucharistischen Geheimnisses. Diese tragenden Zeichen der frohen Botschaft geschehen für uns heute.

In unserer Zeit des Priestermangels leiden viele Christen darunter, die heilige Messe nicht mehr so oft wie früher mitfeiern zu können. Andere, die die heilige Messe für entbehrlich in ihrem Leben ansehen, haben längst aufgehört, zur Kirche zu gehen. Einige halten aus Treue oder aus einer gewissen Verpflichtung an der Messe fest; wieder andere besuchen gern sonntägliche Gottesdienste ohne Priester. Doch überall, ob auf dem Land oder in der Stadt, machen Christen die Erfahrung, daß die heilige Messe lebensnotwendig ist. Für sie ist die Eucharistiefeier eine Begegnung der Liebe, die ihr Leben verändert und in eine neue Welt führt.

Ein ausgelieferter Mensch

Jesus hat uns zwar keine Tonbandaufnahme von der Feier der Eucharistie hinterlassen, aber er hat uns seinen Wunsch anvertraut. Wo ein tiefer Wunsch ist, da ist auch ein Weg. „Ich habe mich sehr danach gesehnt, vor meinem Leiden dieses Paschamahl mit euch zu essen" (Lk 22, 15). „Da er die Seinen, die in der Welt waren, liebte, erwies er ihnen seine Liebe bis zur Vollendung" (Jo 13, 1). Jesus trägt die ganze Geschichte seines Volkes, er macht sich bereit, das andere Ufer zu betreten.

Jedes Mal, wenn wir die Eucharistie mitfeiern, wird

der Wunsch Jesu, das Paschamahl mit uns zu essen, lebendig. Sein Wunsch geht unserer Gewohnheit, unserem Überdruß und unseren Spaltungen voraus ...

Während einer Tagung ergab sich im Laufe des Nachmittags unter den Teilnehmern eine heftige Debatte. Die unterschiedlichen Standpunkte waren nicht zusammenzubringen. An einem bestimmten Punkt unterbrach der Tagungsleiter die Debatte, um an die vorgesehene Eucharistiefeier zu erinnern. Ein Teilnehmer warf darauf ein: „Nach allem, was vorausgegangen ist, gehört es sich nicht, Eucharistie zu feiern." Ein anderer erwiderte: „Weil es so vorgesehen ist, feiern wir jetzt die heilige Messe." Ein neuer Konflikt entbrannte. Als man mich nach meiner Meinung fragte, sagte ich: „Die Eucharistie ist nicht für diejenigen reserviert, die sich gut verstehen. Sie ist auch für Menschen da, die wie wir geteilter Meinung sind. Christus erwartet uns und empfängt uns. Wir wollen unsere Uneinigkeit vor ihm bekennen." Und dann haben wir gemeinsam Eucharistie gefeiert!

Jesus ist ein Mensch, der sich ausliefert, der sich vollständig hingibt. Er behält sich keine Möglichkeit vor, sich zurückzuziehen. Wer sich nicht ausliefert, wer sich Hintertüren offenhält, bleibt ein Rätsel. Jesus gibt sich so wie er ist. Er hält nichts zurück und ist damit auf die Gnade der anderen angewiesen. Deshalb bleibt ihm nichts erspart. Er gibt sich denen hin, die ihn ausliefern.

In dem Theaterstück „Ein Mann namens Jesus" von Robert Hossein ist die Szene des letzten Abendmahls überaus symbolträchtig. Die Jünger sind in einer Atmosphäre großen Ernstes und großer Ergriffenheit versammelt. Jesus tritt vor jeden hin und nimmt ihm die Maske ab, die er trägt. Es sind häßliche Masken, die zu Boden fallen. Jeder Jünger hat nun erst sein wahres Gesicht. Er ist endlich er selbst, durch Jesus vor allen sich selbst enthüllt. Jetzt können die Jünger am Mahl Jesu teilnehmen und mit ihm das Pascha feiern.

Am Abend, als er ausgeliefert wurde, nahm Jesus das Brot ... Er liefert sich seinem Vater aus für das Heil der Welt. Er gibt sein Leben, um das Leben zu geben. Teilnahme am eucharistischen Mahl ist immer Hingabe, vollständige Hingabe mit Jesus an den Vater für das Heil der Welt; Hingabe seines Lebens mit Jesus, der sich seinem Vater zum Opfer darbringt, um den Vielen das Leben zu geben.

1980 sprach Papst Johannes Paul II. im Pariser Prinzenparkstadion zu 50000 Jugendlichen. Eine der ihm gestellten Fragen lautete: „Bevor Sie Bischof und Papst waren, waren Sie einfacher Priester. Was ist ein Priester?" Der Papst antwortete, daß für ihn immer das wichtigste die Tatsache gewesen sei, *Priester* zu sein. Und er fügte hinzu: „Die Tatsache, jeden Tag die Eucharistie feiern zu können. Das Opfer Christi erneuern zu können, wobei in ihm alles dem Vater zurückgegeben wird: die Welt, die Menschheit und ich selbst."

In der heiligen Messe vereinigen wir uns mit dem einzigartigen Opfer Christi, der sich dem Vater darbringt, damit die Welt das Leben hat. Die Eucharistie vergegenwärtigt in sakramentaler Weise das Kreuzesopfer Jesu Christi, damit sich heute jeder im Gefolge von Maria und den Aposteln Christus hingeben kann für das Leben der Welt.

Jesus hat sich entschieden, am Wagnis des Menschseins teilzunehmen. Er hat sich für immer an das Schicksal der Menschheit gebunden. Mit Entschiedenheit begab er sich dorthin, wo das Leben der Menschen am meisten bedroht ist. Durch sein Eintreten in die Geschichte der Menschen hat er einen endgültigen Bund geschlossen, den keine Macht der Welt zerstören kann. Man kann nicht am Mahl des Neuen Bundes teilnehmen, ohne sich nicht zugleich für die Sache Jesu einzusetzen.

„Eines steht für die Glaubenden fest: das persönliche und gemeinsame menschliche Schaffen, dieses gewaltige Bemühen der Menschen im Laufe der Jahrhunderte, ihre Lebensbedingungen stets zu verbessern, entspricht als solches der Absicht Gottes" (Zweites Vatikanisches Konzil, Die Kirche in der Welt von heute, Nr. 34).

In der Eucharistie feiern wir den Gott der Schöpfung, des Bundes und des Heils. Gott hat sich an diese Welt gebunden. Nichts kann Gott daran hindern, die Welt zu lieben, hat er doch seinen eingeborenen Sohn für sie dahingegeben. Die Welt, die Gott schuf, die er liebt und die er erlöst hat, ist dem Menschen anvertraut. Der Heilsplan Gottes verwirklicht sich durch die Mitwirkung des Menschen.

Es ist daher nicht möglich, an der Eucharistie teilzunehmen, zugleich aber die Aufgaben in der Welt zu vernachlässigen und die gesellschaftlichen Probleme nicht ernst zu nehmen. Der Glaube bindet die Christen an die Welt. Glaube an Gott und Dienst an der Welt sind nicht voneinander zu trennen.

Eucharistie ist keine Weltflucht, sondern eine Intensivierung der Verantwortung für die Welt. Wer der Einladung zum Mahl des Herrn folgt, verläßt deshalb nicht die Welt der Politik, Wirtschaft und Technologie zugunsten einer spirituellen Welt, die dem konkreten Leben der Menschen fremd wäre. Das trifft besonders auf jene Christen zu, die für mehr Gerechtigkeit kämpfen und die wissen, welches Gewicht den Sozialstrukturen bei einer Veränderung der Gesellschaft zukommt. Wer wirklich glaubt, befaßt sich nicht nur beiläufig mit der Welt. In einer Welt, die zutiefst von Ungerechtigkeit gekennzeichnet ist, haben Glaubende keine Alternative als sich dort zu engagieren, wo das Schicksal der Menschen auf dem Spiel steht.

Erzbischof Romero von San Salvador hat sein entschiedenes Eintreten für mehr Gerechtigkeit mit seinem Blut besiegelt. Wie ein Prophet hat er das seinem Volk angetane Unrecht angeklagt und die Oligarchie der extremen Rechten aufgefordert, ihre Privilegien abzutreten. Er ist gegen die Militärs, die Verteidiger der Interessen der Reichen, aufgestanden und hat sein Engagement für die Armen als Opfer am Altar beendet! Er wußte, daß „der Kampf für Gerechtigkeit unauflöslich zur Verkündigung des Evangeliums gehört" (Bischofssynode 1971) und daß der irdische Fortschritt, obschon „er eindeutig vom Wachstum des Reiches Christi zu unterscheiden ist, doch große Bedeutung hat für das Reich Gottes, insofern er zu einer besseren Ordnung der menschlichen Gesellschaft beitragen kann" (Die Kirche in der Welt von heute, Nr. 39).

Während Erzbischof Romero die Eucharistie feierte, hat er sein Blut in der Nachfolge Christi vergossen und damit Zeugnis gegeben für den Bund Gottes mit der Menschheit. Seine Botschaft ist gehört worden.

Jede Eucharistiefeier ist Zeichen der unverbrüchlichen Treue Gottes zu uns. Er wird seinen Bund mit uns nie brechen. Deshalb haben auch alle unsere entscheidenden Versprechen in der Eucharistiefeier ihren Platz: Eheschließung, feierliche Gelübde, Priesterweihe ... Unser zerbrechliches Ja ist getragen von dem Ja, das Christus für immer gesprochen hat.

Ich erinnere mich an die Frage, die mir bei der Bischofsweihe gestellt wurde wie auch an meine Antwort darauf: „Nehmen Sie diese Aufgabe an, die die Apostel uns aufgetragen haben?" – „Ja, ich verpflichte mich, sie bis zu meinem Tod zu erfüllen."

Ich denke an das junge Paar, das in seine Heiratsanzeige geschrieben hat: Wir sagen „Ja zum Leben", und das sein Versprechen auf die Treue Gottes gebaut hat. Ich denke an die alte Nonne, die den Ring an ihrem Finger berührte, als ich die Wandlungsworte sprach: „Das ist mein Blut, das Blut des Neuen und ewigen Bundes." Sie hat gezeigt, daß alle Beständigkeit, Stärke und das Profil ihres Einsatzes in dem großartigen Bund Christi begründet liegen.

Das Sakrament der Brüder und Schwestern

Das eucharistische Mahl findet seine Weiterführung im Dienst an den Brüdern und Schwestern, besonders an denen, die am meisten benachteiligt sind. Als junger Priester feierte ich zum ersten Mal die Eucharistie im Gefängnis von Châlons-sur-Marne. Als ich bei der Wandlung die Hostie erhob, erblickte ich die Gefangenen in ihren Zellen entlang einem langen Mittelgang. Mein Blick ging von der Hostie hin zu den Gesichtern der Häftlinge, und ich begriff die beiden Worte Jesu: „Das ist mein Leib" und „Was ihr dem geringsten meiner Brüder getan habt, das habt ihr mir getan." Beide Weisen seiner Gegenwart beziehen sich aufeinander.

Benoît ist arbeitslos und ohne Zukunft. Jeden Tag liest er mit offenem Herzen in der Bibel und versucht mit ihrer Hilfe sein Leben besser zu verstehen. Bald schrieb er mir: „Ich stehe auf der gesellschaftlichen Leiter ganz unten, und Du, Du bist immerhin ein wichtiger Mann. Doch Christus stellt uns beide auf die gleiche Stufe." Benoît hat begriffen, was Brüderlichkeit im Geiste des Evangeliums ist.

Christen versammeln sich abends in einem Dorf, um einen Gottesdienst ohne Priester vorzubereiten. Alles geht gut bis auf einen Punkt: Wer teilt die Kommunion aus? Man nörgelt herum: „Von dem oder dem möchte ich die Kommunion nicht gereicht bekommen". Um das Hin und Her zu beenden, einigt man sich darauf, daß die Schale auf dem Altar bleibt und jeder die Hostie selbst holt. Doch wie kann man einander ausklammern, wenn man zur Kommunion geht? Wie kann man die Schwestern und Brüder nicht anerkennen, die Gott uns in dem Augenblick gibt, da wir den empfangen, der uns verbindet?

Bei dem Sonntagsgottesdienst, dem ich als Bischof vorstehe, gehen die Kinder, die verstreut zwischen den Erwachsenen sitzen, oft in der ganzen Versammlung regelrecht unter. Ab und zu strecken sie ihren Kopf zur Seite, um etwas von der Feier zu sehen. Beim Vaterunser bitte ich dann alle Kinder zu mir an den

Altar zu kommen. Sofort eilen sie aus den Bänken nach vorn und stellen sich um mich herum auf, der Gemeinde zugewandt. Dann erheben sie mit mir die Hände zum Gebet. Am Ende bitte ich sie, den Friedensgruß der ganzen Gemeinde zu bringen und dabei niemanden zu vergessen. Sie ziehen los wie eine einzige Person mit der frohen Botschaft im Herzen.

Ich sehe noch vor mir, wie dabei ein kleines Kind zu einem großen Herrn mit etwas strenger Miene kommt. Als es die Arme zum Friedensgruße ausstreckte, konnte der Mann nicht anders als sich niederzubeugen und das Kind zärtlich zu umarmen. Ein Hauch von Brüderlichkeit ging durch die Versammlung. Dank der Kinder nahmen alle einander an, wie Christus uns angenommen hat.

Manchmal bin ich selber überrascht, wenn ich bemerke, daß ich die Worte, die ich im Namen Christi über das Brot spreche: „Das ist mein Leib", schon vorher auch im Laufe von Zusammentreffen ausspreche, wo ich mich in den Dienst am Menschen und seiner Würde gestellt weiß. Denn der Vater will, daß wir in jedem Menschen Christus, unseren Bruder, erkennen. Auf dem Weg nach Emmaus, begleitet von Menschen aus allen Richtungen der Erde, denke ich an die Worte des Apostels Paulus: „Dieser Bruder, für den ist Christus gestorben."

Bevor ich im Namen Christi die Worte über das Brot spreche: „Das ist mein Leib", bin ich Zeuge, wie der Leib Christi in den Gemeinschaften wächst, die lernen, daß sie Kirche sind, und die dabei zur Glaubensreife finden. Ich danke Gott dafür, daß sich sein Wort einen Weg in die Herzen der Menschen bahnt und in ihnen Fleisch wird. Ich sehe, wie aus kleinen Gemeinschaften ein Netzwerk von Verbindungen entsteht, und ich freue mich über den Dienst am Wachstum der Kirche. Es macht Freude, ihnen Geburtshilfe zu leisten.

Zum Fest der Aufnahme Mariens in den Himmel am 15. August treffen sich die Christen von Burundi auf dem Hügel von Mugera. Mehr als 30000 Menschen kommen aus allen Richtungen, um dort eine feierliche, farbenfrohe Messe mitzufeiern. Als ich mich beim Austeilen der heiligen Kommunion mitten in der Menschenmenge befand, streckten sich mir von allen Seiten Hände entgegen. Wie ich die Hostie in jede Hand lege, erfahre ich etwas vom Aufbau des Leibes Christi. Jeder empfängt den Leib des Herrn, um zusammen seinen Leib zu bilden, bis zu dem Tag, da Gott „alles in allem" sein wird.

Weil wir zum Festmahl des Gottesreiches eingeladen sind, wird unser Hunger erst gestillt sein, wenn alle Menschen an einem gemeinsamen Tisch Platz genommen haben. Wir können unser Brot nicht essen, ohne an die zu denken, die hungern. Wenn wir das wenige, das wir haben, teilen, lernen wir, Brüder und Schwester zu werden. Christus hat sein Blut vergossen, damit die Menschen nicht mehr das Blut ihrer Brüder vergießen. So sind wir ‚Blutsbrüder'.

7
Liebe zu den Brüdern

Matthäusevangelium 18

Das 18. Kapitel des Matthäusevangeliums mit der Rede Jesu über die Jüngerschaft kommt mir oft in den Sinn: bei Pastoralbesuchen, bei Treffen mit Pfarrgemeinderäten oder auch bei der Vorbereitung der Diözesansynode.

Diese Rede Jesu ist tatsächlich eine Charta für das Leben christlicher Gemeinden. Sie vermittelt einen Elan, eine Freiheit, einen Wagemut, die froh machen. Die Worte Jesu laden ein, gemeinsam voranzugehen und ermutigen, das Abenteuer des Evangeliums ans Ziel zu führen. Das Reich Gottes verlangt nicht Anpassung, sondern Umkehr. Die Kirche, die wir bauen sollen, ist eine Gemeinschaft der Liebe, des Gebets und der Versöhnung.

Jesus stellt uns fünf Forderungen der Freiheit vor, nach denen er selbst lebt. Die Christen können sie für ihr Zusammenleben nicht ohne Schaden ignorieren und können ohne sie nicht Kirche bilden.

Wie ein Kind werden

Jesus liebt die Kinder, die Kinder lieben Jesus. Er läßt sie zu sich kommen und segnet sie. Er wagt es, sie den Erwachsenen als Vorbilder hinzustellen, die sie nachahmen sollen, um ins Reich Gottes zu kommen. Er ruft ein Kind herbei, stellt es in ihre Mitte und sagt: „Amen, das sage ich euch: Wenn ihr nicht umkehrt und wie die Kinder werdet, könnt ihr nicht in das Himmelreich kommen. Wer so klein sein kann wie dieses Kind, der ist im Himmelreich der Größte. Und wer ein solches Kind um meinetwillen aufnimmt, der nimmt mich auf" (Mt 18,3–5).

Das Kind hat Vertrauen, ein entwaffnendes Vertrauen. Es ist seine Weise zu sein. Ein Wort, ein Versprechen, ein Zeichen können es in Bewegung bringen. Es überläßt sich dem einfach. Es nimmt gerne hin, von anderen abhängig zu sein, und ist ohne Zögern für das Abenteuer bereit. Seine Phantasie kann uns verzaubern, seine Kreativität beglücken. Ohne Argwohn und Mißtrauen ist es immer ganz bei der Sache, ohne einen Vorbehalt.

Ich ging einmal in einen großen Supermarkt einkaufen. Während ich in Gedanken vor einem Regal voller Waren stand, hörte ich, wie hinter mir eine Kinderstimme „Papa" sagte. In dem Gedränge kam ich nicht auf den Gedanken, daß die Anrede mir gegolten haben könnte. Aber das Kind sagte noch einmal „Papa!" Ich drehte mich um und merkte, daß das Kind mich meinte. Es hatte sich verirrt. Ohne zu zögern, gab es mir die Hand, und zusammen gingen wir auf die Suche nach seinem Vater. Es fühlte sich in der Menge sicher. Ich bewunderte sein Vertrauen.

Vertrauen beflügelt, während Mißtrauen lähmt. Wer Verantwortung übernommen hat, braucht Vertrauen, um etwas zu erreichen. Mißtrauen verleitet, die Menschen einzuordnen. Man klebt ihnen ein Etikett auf, zwingt sie in ein Klischee, das sie nicht mehr loswerden können.

An einem schönen Septembertag machten die Mitarbeiter der Abteilung für die Gemeindepastoral – Laien, Ordensschwestern und Priester – eine „Fahrt ins Grüne", um die Arbeit für das nächste Jahr zu besprechen. Viele Mitarbeiter waren zum ersten Mal dabei. Wegen dieses personellen Wechsels hielt der verantwortliche Leiter es für richtig, sein Amt neu zur Wahl zu stellen. Er machte einen Wahlvorschlag, bei dem jeder für den Kandidaten seiner Wahl stimmen konnte. Für ihn war es klar, daß er wiedergewählt würde. Als man zur Wahl schritt, erhielt er jedoch nur zwei Troststimmen. Jemand anderer wurde an seine Stelle gewählt. Die Enttäuschung war ihm aus dem Gesicht zu lesen. Noch ein halbes Jahr später vertraute mir der unglückliche Kandidat an: „Wenn ich mir vorstelle, daß sogar die drei Nonnen nicht für mich gestimmt haben!"

Ich besuchte einmal eine Gemeinschaft, die sehr lebendig war. Im Laufe des Essens stellte ich fest, daß die Gemeinschaft nicht vollständig war; einer fehlte. Ich erkundigte mich nach ihm. „Er ist in Ferien gefahren", war die Antwort. Nach einer kurzen Stille folgte die Ergänzung: „Und wir können jetzt aufatmen!" Die ganze Gemeinschaft schüttelte sich vor Lachen.

Es gibt Menschen, die andere mit ihren Qualitäten und ihrem Wissen erdrücken – oft ohne es zu wollen. Doch es gibt auch solche, die die anderen gelten lassen und sie nicht einengen.

Es ist unmöglich, Bruder zu sein, ohne Demut zu beweisen. Wer keine Demut hat, verhindert die Brüderlichkeit und lähmt das Leben der Gemeinschaft. Wer demütig ist, nimmt seinen Platz ein und fällt nicht zur Last. Kindsein ist nicht einfach. Ein Kind ist zerbrechlich, bedürftig. Es weiß, daß es nichts allein erreichen kann. Es akzeptiert, auf Hilfe angewiesen zu sein.

Ein (italienischer) Film mit dem Titel „Parfum de Femme" beschreibt das Leben eines im Krieg durch die Explosion einer Granate erblindeten Offiziers. Sein unzugänglicher Charakter und seine Selbstgefälligkeit machten ihn zu einem einsamen Menschen. Niemand hielt es lange bei ihm aus außer einer Krankenschwester, die an ihm hing. Auf seinem großartigen Besitz in Neapel stürzt der Offizier in seinem Garten. Er verliert seinen Stock und kommt nicht mehr weiter. Er ruft um Hilfe. Es ist ein befreiender Schrei. Zum ersten Mal akzeptiert er, Hilfe zu brauchen. Er wird sich bewußt, daß er auf die anderen angewiesen ist, um leben zu können. Von nun an wird sich alles für ihn ändern.

Wie ein Kind werden heißt: andere brauchen, und vor allem den Anderen.

Die Kleinen nicht verachten

Jesus schätzt die Kleinen so sehr, daß er sich mit ihnen verbündet. „Hütet euch davor, einen von diesen Kleinen zu verachten!" (Mt 18, 10) „Euer himmlischer Vater will nicht, daß einer von diesen Kleinen verlorengeht" (Mt 18, 14).

Wieder war ich zu Gast bei einer Gemeinschaft. Es war das erste Mal, daß ich sie besuchte. Ich las über dem Eingangstor die Worte Gandhis: „Macht euch zu Dienern der Kleinen, und der Friede wird kommen". Mit diesen leuchtenden Worten betrat ich das alte, wieder hergerichtete Haus, wo ich von Christen empfangen wurde, die sich regelmäßig an diesem Ort des

Friedens treffen. Voller Bewunderung höre ich, wie jeder sich verantwortlich fühlt, für das Evangelium Zeugnis zu geben. Ihr Einsatz gilt vor allem den Kleinen und Ausgeschlossenen, die neuen Geschmack am Leben und an der frohen Botschaft finden sollen.

Auf der französischen Bischofskonferenz in Lourdes sagte einer der Bischöfe: „Viele Kinder und Jugendliche, viele Arme sind wie Tabus des christlichen Lebens, weil nur den Denk- und Handlungsweisen derer, die sie umgeben, Bedeutung zugemessen wird". Und er fügte hinzu: „Es ist mir ein Vergnügen, Bittgesuche an die Kirche anzunehmen, denn ich fürchte elitäre Bestrebungen jeder Art". Jesus warnt uns vor Intoleranz und Sektierertum. Ist eine Kirche ohne die Kleinen, von denen das Evangelium spricht, wirklich die Kirche?

Die Bitte um den Empfang der Sakramente ist für viele die Gelegenheit, sich an die Kirche zu wenden. Regelmäßig gelangen Proteste von Familien zu mir, die sich daran gestoßen haben, von den Sakramenten ausgeschlossen worden zu sein. Ich denke an den Lastwagenfahrer, dem man die Trauung seiner Tochter verweigerte, weil sie die vorgeschriebene dreimonatige Vorbereitungszeit nicht mitgemacht hätte. Er hält mir vor: „Die Kirche hat kein Herz; sie hat Beton". Ich denke auch an den Schichtarbeiter, dessen Kind nicht getauft wurde, weil auch hier die Frist nicht beachtet wurde. Im Bischofshaus sagte er mir: „Alles war schon vorbereitet. Wir freuten uns auf das Familienfest. Doch jetzt stoße ich gegen eine Mauer. Die Kirche hindert uns daran, das Fest zu feiern".

Die Liste wäre lang, wollte man diejenigen aufzählen, die sich an der Mauer der Kirche stoßen. Diese Leute sind keine praktizierenden Katholiken. Sie wissen nicht viel vom Leben der Kirche, und noch weniger von deren Bestimmungen. Warum ihnen eine solche Last aufbürden? Die Forderungen, die wir für die Sakramente stellen, sind zuerst von denen zu leben, die sie spenden. Wie die Barrieren auch sein mögen, die wir für den Empfang der Sakramente errichten, für die Armen kann man alle roten Ampeln überfahren.

Ein Freund besuchte mich. Seit Monaten lebt er in der Gemeinschaft von Berdine. Diese Gemeinschaft nimmt Menschen auf, die das Leben gezeichnet hat, die am Boden der Verzweiflung, von Drogen ausgehöhlt sind. Berdine ist für die Armen ein Ort zum Auftanken, eine Gemeinschaft, in der keiner vor dem anderen Angst hat; eine Gemeinschaft, die Vertrauen schafft. Brüder nehmen sich gegenseitig in die Verpflichtung. Die Freundschaft ist etwas Wunderbares. Man weiß weder, woher sie kommt, noch wohin sie geht. Wer eine Freundschaft knüpft, engagiert sich in einer neuen Welt. Die Gegenwart des anderen wird zur Freude statt zur Last. Bei manchen Menschen geht es einem besser, bei anderen schlechter, man „trägt Beulen davon".

Eine Gemeinschaft, die sich aus den Kleinen und Einfachen dieser Erde zusammensetzt, ist ein Zeichen der Hoffnung. In der Armut der Mittel und der Unsicherheit der Projekte entfaltet sich die Dynamik des Evangeliums.

In der Gemeinschaft von Berdine findet das Evangelium bei denen, die alle Hoffnung verloren haben, mächtigen Widerhall. Nach und nach fühlen sie sich wie neu geboren. Sie finden die Worte der Freundschaft, der Dankbarkeit wieder. Sie entdecken den Weg des Gebets. Sie beginnen, das Leben wieder zu schätzen, ja, zu lieben. Mein Freund, der mich besuchen kam, ist dort ein neuer Mensch geworden. Wie könnte man nicht dankbar sein für diese Wiederauferstehung, die andere Auferstehungen bewirkt? Oft geschieht es, daß der Heilige Geist ohne unser Wissen anderen etwas sagt.

Die brüderliche Zurechtweisung üben

Ich habe mich immer gewundert, wie klar wir über andere urteilen können. Wir wissen sie mit ihren guten und schlechten Seiten zu beschreiben, ihren Möglichkeiten und Grenzen. Ganz anders verhält es sich, was die Klarheit über uns selbst betrifft. Das Wort vom Splitter und vom Balken erinnert daran: „Warum siehst du den Splitter im Auge deines Bruders, aber den Balken in deinem Auge bemerkst du nicht? Zieh zuerst den Balken aus deinem Auge, dann kannst du versuchen, den Splitter aus dem Auge deines Bruders herauszuziehen" (Mt 7,3.5).

Die brüderliche Zurechtweisung setzt ein Klima des Vertrauens und der gegenseitigen Wertschätzung voraus. Man lernt mehr von einem Menschen, wenn man ihm Liebe schenkt, als wenn man Liebe von ihm fordert. Wenn jemand fühlt, daß er geliebt wird, kann man ihm sagen, was man will.

Ja, es ist so! Wir sehen genau, was für die anderen gut ist, und versuchen, dementsprechend zu handeln. Wenn unser Umgang mit ihnen nicht aus dem Herzen kommt, riskieren wir, falsch verstanden zu werden.

Besonders schwierig wird die brüderliche Zurechtweisung, wenn das Unverständnis von denen kommt, deren Unterstützung man erwartet, wenn die Hoffnung, von der man Rechenschaft zu geben versucht, in Zweifel gezogen wird oder wenn man allein schon wegen der Art und Weise, wie man das Evangelium verkündet, denunziert wird. Doch mehr als je zuvor ist die brüderliche Zurechtweisung notwendig.

Das Schweigen vergiftet. Nicht-Gesagtes belastet das Klima. Jeder kommt einmal dahin, sich zu entscheiden, nur zu sagen, was er denkt, und soviel wie möglich zu sagen, was er denkt. Wenn Liebe und Wahrheit sich treffen, öffnet sich ein Weg.

Jesus nennt eine ganze Reihe von Möglichkeiten gegenseitiger Korrektur, wobei die Steigerung nicht ohne Bedeutung ist. „Wenn dein Bruder sündigt, dann geh zu ihm und weise ihn unter vier Augen zurecht. Hört er auf dich, so hast du deinen Bruder zurückgewonnen. Hört er aber nicht auf dich, dann nimm einen oder zwei Männer mit, denn jede Sache muß durch die Aussage von zwei oder drei Zeugen entschieden werden. Hört er auch auf sie nicht, dann sag es der Gemeinde ..." (Mt 18, 15–17).

Ein Priester, der lange Zeit Missionar in Afrika war, hatte als Pfarrer mehrere Landgemeinden zu betreuen. Seine Gesundheit war sehr angeschlagen, und seine Augen ließen immer mehr nach. Er liebte seine Pfarrei, und seine Gemeindemitglieder liebten ihn. Vor wichtigen Anlässen seines Dienstes, besonders bei Beerdigungen, nahm er gerne eine „kleine Stärkung", wie die Leute sagten, um sich Mut zu machen. Doch kam es vor, daß er nicht mehr bis zum Ende der Zeremonie kam. Die Gemeinde schämte sich darüber und war verärgert, besonders wenn Nicht-Gläubige dabei waren. Gemeindemitglieder und auch Priester baten mich, mit dem Pfarrer zu sprechen. Ohne eine

„Stärkung" zu nehmen, machte ich mich auf den Weg zu einem Gespräch, das mich Überwindung kostete.

Der Pfarrer empfing mich freundlich. Sein langer, weißer Bart beeindruckte mich. Er hörte mir zu, und ich merkte, daß meine Worte ihm zu schaffen machten. Ich bemerkte ein paar Tränen in seinen Augen. Nach kurzem Schweigen sagte er: „Niemand hier hat mir etwas gesagt. Sie sind der erste."

Mit dieser einfachen Antwort lehrte mich dieser Pfarrer, die Stufen der brüderlichen Zurechtweisung zu respektieren, von denen Jesus gesprochen hat.

Diese Erfahrung sollte mir oft eine Lehre sein, und sie ist es auch heute noch. Wenn man mich bittet, bei jemandem in dieser oder jener Angelegenheit zu intervenieren, sage ich: Machen Sie selbst den ersten Schritt und sagen Sie dem Betreffendem auf brüderliche Weise, woran Ihnen liegt. Ich kann nicht eingreifen, bevor Sie nicht selbst etwas getan haben. Muß ich sagen, daß ich dadurch viel weniger einzugreifen habe als früher? So trägt schon die erste Stufe der brüderlichen Zurechtweisung, die das Evangelium fordert, ihre Früchte: „Wenn dein Bruder sündigt, dann geh zu ihm und weise ihn unter vier Augen zurecht" (Mt 18,15).

Gemeinsam beten

„Weiter sage ich euch: Alles, was zwei von euch auf Erden gemeinsam erbitten, werden sie von meinem himmlischen Vater erhalten. Denn wo zwei oder drei in meinem Namen versammelt sind, da bin ich mitten unter ihnen" (Mt 18,19–20).

Wenn wir uns im Namen Christi versammeln sind

wir mehr als eine Gruppe, die sich zusammengefunden hat. Da ist der Auferstandene gegenwärtig.

Ein Pfarrgemeinderat begann seine Sitzung an der ich teilnahm, mit einer Lesung aus dem Brief des Apostels Paulus an die Kolosser. In diesem Abschnitt heißt es, „daß das Evangelium zu euch gelangt ist, ... Frucht trägt ... und wächst" (Kol 1, 6). Wir hörten gemeinsam dieses Gleichnis und nahmen es in Stille auf. Ich bin Zeuge, daß dieses Wort für die Menschen, bei denen ich war, zutraf. Diese Zeit des Gebets verwandelte die Atmosphäre der Beratungen, die dann folgten.

Eine Gruppe der Bewegung „Témoignage chrétien" („Christliches Zeugnis") begann ihr Treffen zum ersten Mal mit einem Gebet, mit einem Text aus der Liturgie des ersten Sonntags im Advent: „Ich danke Gott jederzeit euretwegen für die Gnade Gottes, die euch in Christus Jesus geschenkt wurde, daß ihr an allem reich geworden seid in ihm, an aller Rede und aller Erkenntnis. Denn das Zeugnis über Christus wurde bei euch gefestigt, so daß euch keine Gnadengabe fehlt, während ihr auf die Offenbarung Jesu Christi, unseres Herrn, wartet. Er wird euch auch festigen bis ans Ende ..." (1 Kor 1, 4–8).

Diese erstaunlichen Worte wurden für die Gruppe hier und jetzt wahr. Gott hat Großes mit uns vor. Wie sind wir überrascht, wenn wir all das erfahren, was Gott von uns erwartet! Es spornt an und stärkt, sich gemeinsam den Reichtum Gottes bewußt zu machen, an dem wir durch die Taufe teilhaben.

Da versammeln sich Christen in einer Dorfkirche zur Feier der Eucharistie; ihre Andacht und Sammlung beeindruckt mich und hilft mir beten. Ich bete, indem ich andere zum Beten veranlasse. Wenn die

Gemeinde so betet, verstehen die Christen, daß die Verantwortung, die sie in der Kirche übernommen haben, eine besondere Beziehung zu Christus mit einschließt. Sie entdecken die spirituelle Dimension ihres Engagements. Sie sind Teil einer Kirche, die feiert und betet.

Eines Abends besuchte ich eine Familie. Weil die Kinder sich nicht davon abbringen ließen, den unbekannten Gast sehen zu wollen, ging ich hinauf in ihr Zimmer. Die ganze Familie sprach vor dem Kreuz und vor dem Bild der Gottesmutter ein spontanes und einfaches Gebet. Diese Kinder haben die Chance, von ihren Eltern beten zu lernen. Das Gebet gedeiht in der Familie.

In jedem Vierteljahr ziehen wir uns mit den Mitarbeitern des Bischofshauses für einen Tag zurück. Wir halten an dieser Zeit fest, in der wir zusammen beten und über unseren Glauben sprechen. Abseits von aller Betriebsamkeit und Arbeit gibt es diese tiefe Basis gegenseitiger Anteilnahme, die uns solidarisch macht. Was wird aus unserem Glauben bei unserem aufreibenden Dienst, mit den Freuden und Problemen, die uns dabei begegnen? Was läßt uns beten? Was wird aus uns mit den Entscheidungen, die wir treffen, mit den Verpflichtungen, die wir eingehen? Welches Gesicht offenbart uns Christus von sich?

Es gibt eine Gnade des gemeinsamen Gebets, das uns mit dem vereint, der uns sendet.

Von Herzen verzeihen können

Manchmal bekomme ich zu hören: „Nach dem, was mir angetan wurde, kann ich nicht vergessen". Jesus verlangt von uns nicht, daß wir vergessen, sondern daß wir verzeihen. Das ist etwas ganz anderes. Das Gleichnis vom unbarmherzigen Gläubiger schließt mit einer Mahnung: „Ebenso wird mein himmlischer Vater jeden von euch behandeln, der seinem Bruder nicht von ganzem Herzen vergibt" (Mt 18,35).

Aus tiefem Herzen zu vergeben, ist ohne Zweifel ein Merkmal des christlichen Lebens. Roger Auque, der als Geisel im Libanon gefangen war, fand während seiner Haft zum Glauben. In der ersten Nacht nach seiner Entführung begann er in tiefer Verzweiflung um Vergebung zu bitten, ohne zu wissen, daß Vergebung das Fundament des Neuen Testaments ist.

Man bildet Gemeinschaft von dem Augenblick an, da man vergibt. Vergebung errichtet Gemeinschaft. Gott vertraut einen dem andern an. Einer ist für den anderen verantwortlich.

Was das Verzeihen schwierig macht, sind Konflikte, Blockaden und Widersprüche. In der Zeit vor Wahlen zum Beispiel kennen ländliche Gemeinden Spannungen, ja sogar Spaltungen. Sich damit abzufinden, entspräche nicht dem Geist des Evangeliums. Sich darüber zu wundern, wäre wirklichkeitsfremd. Das Leben ist voller Konflikte, sowohl in der Gesellschaft als auch in der Kirche.

Wir sind zur Versöhnung berufen. Die Vergebung ist eine Quelle der Freude. Sie gibt neues Leben. Die Wege der Versöhnung sind vielfältig und verschieden. Zuerst gilt es, sich mit sich selbst zu versöhnen und zu lernen, sich in Wahrheit anzunehmen. Als ich ein junger Priester war, habe ich durch die Beichte gelernt, daß man sich selbst ein Ärgernis sein kann. Man ist sich selbst ein Hindernis. Man verbietet sich voranzukommen.

Gemeinschaft mit anderen verlangt Gemeinschaft

mit sich selbst. Versöhnung mit der eigenen Vergangenheit, mit seinen Empfindungen, mit seinem Körper, mit der Natur ist ein Weg der Befreiung. Man kann mit etwas, das in einem zerbrochen ist, leben, doch nicht mit der Lüge. Ehrlichkeit sich selbst gegenüber läßt uns „im Licht wandeln" und öffnet uns für die Gemeinschaft mit anderen.

Es gibt Versöhnungen mit anderen, die das tägliche Leben verschönern wie so viele Freuden, die wir mit Händen greifen können.

Während eines Versöhnungsabends möchte eine Hausfrau von einem Erlebnis erzählen. Sie wohnt in einer Sozialwohnung und hat den ganzen Nachmittag damit verbracht, die Fußbodenfliesen zu putzen. Als ihr Mann von der Arbeit heimkommt, geht er achtlos über die sauberen Fliesen und hinterläßt Fußabdrücke. Sie macht ihm heftige Vorwürfe. Aus Ärger über den unfreundlichen Empfang hinterläßt der Mann immer mehr Fußspuren. Vor Wut nimmt die Frau den Kugelschreiber aus der Jackentasche ihres Mannes und zerbricht ihn. Diesem Krach folgt ein langes Schweigen, bei dem einer dem anderen aus dem Weg geht.

Am nächsten Tag macht die Frau sich Vorwürfe, den Kugelschreiber ihres Mannes zerbrochen zu haben. Sie kauft einen neuen, den sie ihm schenkt, als er abends heimkommt. Gerührt von dieser Geste, macht er sich sofort daran, die Fußabdrücke auf dem Boden, die immer noch da waren, zu beseitigen. In ihrer Freude öffnen sie eine gute Flasche Wein.

Andere Versöhnungen sind schwieriger. Sie brauchen Zeit, verlangen gewisse Bedingungen und setzen ein bestimmtes Klima voraus. Wie kann man jemandem Verzeihung anbieten, der sie gar nicht will? Wie kann man sich in aller Klarheit versöhnen, ohne reinen Tisch mit der Vergangenheit zu machen und zu schnell die Hindernisse zu beseitigen? Wie lassen sich Voraussetzungen für eine echte Versöhnung schaffen, die es erlaubt, die Zukunft neu zu gestalten? Es ist oft schmerzlich, auf den Tag zu warten, an dem diese Versöhnung endlich stattfindet. Entfernt verzeihen, sich Versöhnung wünschen, genügt nicht.

Verzeihung verlangt Zeichen und Gesten zum richtigen Zeitpunkt. Andere, die günstiger stehen als wir, können uns zur Begegnung mit denen helfen, die uns abgewandt sind. Nächstenliebe macht erfinderisch. Der Heilige Geist geht uns auf dem Weg der Versöhnung voran. Er bereitet die Herzen derer, die sich noch nicht begegnen können.

Ohne zu spüren, drängt uns der Geist, unsere Feinde zu lieben und für sie zu beten. Er gibt uns den Frieden des Herzens und wird uns eines Tages die Freude der Versöhnung erfahren lassen. Die Vergebung birgt die Kraft der Liebe in sich. Sie ist schöpferisch. Wenn sie in Gruppen gelebt wird, gibt es einen sozialen Widerhall. Priester aus Chile haben mir gegenüber auf die politische Dimension der Vergebung hingewiesen. Wenn die sich gegenüberstehenden Parteien sich doch verzeihen würden! sagten sie mir.

Sich mit Gott versöhnen lassen bleibt das entscheidende Ereignis. Es ist der Weg des verlorenen Sohnes: endlich das wahre Gesicht Gottes entdecken, sich von dem wiederaufnehmen lassen, der uns leben läßt, die Haltung des Sohnes wiederfinden, die uns, vom Geist getrieben, freimacht. So viele Vorurteile und Zerrbilder eines kollektiven Gedächtnisses verdunkeln das Gesicht des zärtlichen und barmherzigen Gottes, das Jesus uns offenbart hat.

8
Ausgesandt in alle Welt

Matthäusevangelium 10

Eine große Begeisterung durchzieht das 10. Kapitel des Matthäusevangeliums mit der Rede zur Aussendung der zwölf Apostel; eine Begeisterung, welche die Apostel ergreift, überwältigt und verwandelt. Jesus sendet sie aus.

Als ich bei einer Reise durch Brasilien nach Recife kam, suchte mich eines Morgens ein französischer Priester auf, der schon über 15 Jahre in Südamerika lebt. Im Verlauf des Gesprächs fragte ich ihn: „Wenn du von Zeit zu Zeit nach Frankreich zurückkommst, was fällt dir an unserer Kirche auf?"

In meiner alten Diözese in Frankreich fällt mir vor allem auf, daß die Kirche ihren Schwung, ihre Begeisterungsfähigkeit verloren hat. Hier berührte er einen entscheidenden Punkt. Wenn es in einer Kirche keine Begeisterung mehr gibt, woher nimmt sie dann den Elan, den sie für ihren Auftrag braucht? Wo heraus schöpft sie Mut für die Zukunft?

Die Sendung gilt zunächst den „Kleinen"

An erster Stelle stehen die verlorenen Schafe des Hauses Israel (Mt 10,6). Der Evangelist Matthäus gehört zu diesen verlorenen Schafen, zu den ganz Kleinen, denen das Reich Gottes offenbart wird.

Vor meiner Übersiedlung nach Évreux besuchte ich in meinem Heimatort eine ältere Frau, die behindert ist und in ärmlichen Verhältnissen lebt. Ich wollte mich von ihr verabschieden, denn wir mochten uns gern. Zu meiner Überraschung sagte sie: „Da du jetzt zum Bischof ernannt worden bist, kommst du mit der feinen Gesellschaft zusammen. Du triffst bedeutende Leute. Du hast dann keine Zeit mehr, die kleinen Leute zu besuchen." Als ich ihr widersprach, fuhr sie fort: „Du siehst doch, um die kleinen Leute nimmt sich niemand an, niemand besucht sie." Noch während sie so nachdachte, suchte sie einen 100-Franc-Schein und streckte ihn mir hin mit den Worten: „Nimm das! Reisen sind teuer, du brauchst das, wenn du nach Évreux gehst."

Der Auftrag Jesu führt uns zu denen, die von der Welt im Stich gelassen werden.

Die Sendung vollendet sich im Verzicht auf jede Art von Macht

„Steckt nicht Gold, Silber und Kupfermünzen in euren Gürtel. Nehmt keine Vorratstasche mit auf den Weg, kein zweites Hemd, keine Schuhe, keinen Wanderstab; denn wer arbeitet, hat ein Recht auf seinen Unterhalt" (Mt 10,9f) ... „Wenn man euch aber in einem Haus oder in einer Stadt nicht aufnimmt und eure Worte nicht hören will, dann geht weg und schüttelt den Staub von euren Füßen" (Mt 10,14).

Frei von allen äußeren Zeichen der Macht, ist der Gesandte Träger der Frohen Botschaft. Er macht sich nicht auf den Weg, als gälte es, eine Goldmedaille bei den olympischen Spielen zu gewinnen. Wir sind dazu geschaffen, das Evangelium mit den Mitteln des Evangeliums zu verkünden. Und das werden immer Mittel der Armut sein. Denn die Verkündigung des Evangeliums erfordert einen bestimmten Lebensstil. Evangelium und Geld vertragen sich nicht gut miteinander.

Der Auftrag ist in einer feindlichen Welt zu erfüllen

Der Gesandte ist Zeichen des Widerspruchs: „Nehmt euch aber vor den Menschen in acht! Denn sie werden euch vor die Gerichte bringen und in ihren Synagogen auspeitschen. Ihr werdet um meinetwillen vor Statthalter und Könige geführt ..." (Mt 10,21 f).

„Brüder werden einander dem Tod ausliefern und Väter ihre Kinder, und die Kinder werden sich gegen ihre Eltern auflehnen und sie in den Tod schicken. Und ihr werdet um meines Namens willen von allen gehaßt werden" (Mt 10,21 f).

Jesus läßt seine Apostel nicht in Unkenntnis über die Schwierigkeiten des Auftrags: Das Evangelium stößt auf Widerspruch, es rüttelt die Gewissen auf; es macht die Christen zu Rebellen und verwickelt sie in Widersprüche, weil es mitten hineinführt in die Wirklichkeit der Welt, in die Rivalität von Macht und Geld. Nicht nur die Politik entzweit, auch das Evangelium trennt, weil es zeigt, daß man sich entscheiden und sich einsetzen muß.

Eine Verkündigung des Evangeliums ohne Konflikte und ohne Geschichtsbezug wäre fragwürdig. Einer ruhigen Kirche ohne Stürme müßte das rote Licht aufleuchten. „Wenn man schon den Herrn des Hauses Beelzebul nennt, dann erst recht seine Hausgenossen" (Mt 10,25).

Träumen wir nicht von einer Zeit, in der es endlich leicht wäre, das Evangelium zu verkünden, weil es keine Schwierigkeiten mehr gibt! Stellen wir uns keine Kirche vor, die allen Konflikten enthoben wäre und weit entfernt sein könnte vom Kampf für den Menschen, eine Kirche, die sich durch geduldig ausgehandelte und genau eingehaltene Bündnisse Sicherheit verschaffte!

Die Armut Christi ist wesentlich die Armut des Propheten: es ist die schmerzlichste Armut: Jesus wird in seinem Land nicht anerkannt. Seine Jünger verstehen ihn nicht, sein Volk weist ihn zurück. Eben diese prophetische Armut ist der Kirche heute aufgetragen.

„Wie aber Christus das Werk der Erlösung in Armut und Verfolgung vollbrachte, so ist auch die Kirche berufen, den gleichen Weg einzuschlagen, um die Heilsfrucht den Menschen mitzuteilen." (Pastoralkonstitution „Über die Kirche in der Welt von heute", Lumen Gentium, Nr. 8). Diese Aussage des Zweiten Vatikanischen Konzils stellt eine Verbindung her zwischen Armut und Verfolgung. Die Kirche ist eingeladen, in dieselbe Bewegung einzutreten wie Christus: Armut und Verfolgung zu kennen, um den Menschen das Heil zu vermitteln.

Der Auftrag bindet uns eng an Christus

Wir sind immer Gesandte. Doch wenn wir auf andere zugehen, verläßt Christus uns nicht. Das Band, das uns mit ihm vereint, macht uns furchtlos. „Habt keine Angst", sagt er immer wieder. „Fürchtet euch nicht vor denen, die den Leib töten, die Seele aber nicht töten können, sondern fürchtet euch vor dem, der Leib und Seele ins Verderben der Hölle stürzen kann" (Mt 10,28).

Dies ist eine Einladung zu jenem vertrauenden Glauben, der das Gegenteil von Angst ist. Nach Dietrich Bonhoeffer ist es nicht die Rastlosigkeit, die den Jünger dazu bringt, sich keine Sorgen zu machen, sondern der Glaube an Jesus Christus. Die Gesandten haben nichts zu fürchten und nichts zu verlieren, sie sind in der Hand des Vaters.

Diese enge Verbundenheit wird nur dem ganz verständlich, der sich selbst vorbehaltlos an Christus bindet. Etwas, was stärker ist als die Bindung an unsere Familie und stärker als unsere Liebe zum Leben, führt uns dazu, Christus zu wählen. „Wer Vater oder Mutter mehr liebt als mich, ist meiner nicht würdig, und wer Sohn oder Tochter mehr liebt als mich, ist meiner nicht würdig. Und wer nicht sein Kreuz auf sich nimmt und mir nachfolgt, ist meiner nicht würdig. Wer das Leben gewinnen will, wird es verlieren; wer aber das Leben um meinetwillen verliert, wird es gewinnen" (Mt 10,37–39). Diese Worte lassen an Deutlichkeit nichts zu wünschen übrig, sie sind scharf wie ein Schwert.

Das Band, das Christus und seine Gesandten vereint, bestätigt sich im Empfang, der ihnen bereitet wird; es ist zweifellos das wunderbarste Zeichen, das Christus seinen Jüngern geben konnte: „Wer euch aufnimmt, der nimmt mich auf, und wer mich aufnimmt, nimmt den auf, der mich gesandt hat" (Mt 10,40). Die Apostel brechen mit lächerlich geringen Mitteln zur Mission auf, doch sie haben das Wesentliche: Christus ist mit ihnen auf dem Weg. Er hat seine Hand auf sie gelegt und nimmt sie nicht wieder von ihnen weg. Er selbst verbindet sie untereinander, seine Freundschaft erhält ihre Gemeinschaft. Die Apostel verstehen, daß diese Freundschaft vom Zeugnisgeben nicht zu trennen ist. Als Gesandte entdekken sie den Auftrag. Auch wenn sie noch nicht alles verstehen, sind sie schon zum Handeln ermächtigt.

„Weh mir, wenn ich das Evangelium nicht verkünde!“ (1 Kor 9,16)

Vielleicht ist der Mensch nie zuvor so verachtet, zu Boden gedrückt und manipuliert gewesen wie heute am Ende des zweiten Jahrtausends. Die Verteidigung der Menschenrechte wird zur dringlichsten Pflicht. Niemand darf einen Menschen zugrunde richten, demütigen, verachten. Er ist einmalig. Mehr als je zuvor ist das Evangelium zu leben als ein Kampf für Gerechtigkeit und Menschenrechte. Papst Johannes Paul II. lädt uns nachdrücklich ein, den Weg des Menschen zu gehen, der der Weg der Kirche ist.

Sollten nicht gerade die Jünger Jesu mehr als andere Achtung vor dem Menschen haben? Der Auftrag der Kirche ist es, sich völlig dem selbstlosen Dienst am Menschen zu verschreiben. Wollte die Kirche sich auf das Religiöse zurückziehen, würde sie ihrem Auftrag untreu. Die Förderung von Wallfahrten oder Andachten darf angesichts der schwerwiegenden gesellschaftlichen Probleme nicht auf Kosten einer aktiv handelnden Präsenz der Christen gehen. Heute fürchten Christen sich nicht mehr, mit den Randgruppen der Gesellschaft solidarisch zu sein. Sie wissen, daß die Armen die bevorzugten Erben des Reiches Gottes sind und daß es ohne Engagement für mehr Gerechtigkeit keine Verkündigung des Evangeliums gibt.

In Erwartung des Reiches Gottes zu leben bedeutet nicht, der Welt gegenüber gleichgültig zu sein. Die Botschaft des Evangeliums entbindet nicht von der Arbeit für eine bessere Welt und vom Einsatz dafür, daß die Armen selbst Träger der Frohen Botschaft zur Befreiung aller werden.

Im Evangelium finden sich drei Vorgehensweisen Jesu, die mich die Ziele des Sendungsauftrages immer besser erkennen ließen:
1. Die Begegnung mit der Kanaanäerin: Durch diese Frau werden für mich alle jene Anfragen gegenwärtig, die auch anderswo zu hören sind und die man nicht übergehen kann. Besonders denke ich dabei an Christen, die allem mit kritischer Aufmerksamkeit begegnen und die der Kirche eher distanziert gegenüberstehen oder schon mit ihr gebrochen haben.

Eine Kanaanäerin wendet sich flehend an Jesus, er möge ihrer kranken Tochter helfen. Aber Jesus schweigt. Die Jünger sind wütend auf diese Frau, die hinter ihnen herschreit, und bitten Jesus, sie wegzuschicken. Er selbst sagt, er sei in erster Linie zu den Juden gesandt. Doch die heidnische Frau gibt nicht auf. Sie fleht Jesus weiterhin an und wirft sich sogar vor ihm nieder.

Jesus entgegnet ihr: „Es ist nicht recht, das Brot den Kindern wegzunehmen und den Hunden vorzuwerfen" (Mt 15,26). Darauf sagt die Frau: „Du hast recht, Herr! Aber selbst die Hunde bekommen von den Brotresten, die vom Tisch ihrer Herren fallen" (Mt 15,27).

Man kann das Erstaunen und die Bewunderung Jesu ermessen, als er diese Worte hört. Er sagt: „Frau, dein Glaube ist groß. Was du willst, soll geschehen" (Mt 15,28).

Diese Begegnung mit der Kanaanäerin unterwegs macht Jesus bewußt, daß er auch zu den Nichtjuden gesandt ist. Dieser unvorhergesehene Dialog zwischen der Frau und Jesus zeigt die Erwartung der Heiden. Ihr Glaube ist groß. Jesus nimmt sich ihrer ohne Zögern an. „Die Felder sind weiß, reif für die Ernte" (Joh 4,35).

Ein mir unbekannter Mann, der sich sehr für den Frieden engagierte, rief mich oft an und schrieb mir, weil er mich zu einem Beitrag auf einer Versammlung für den Frieden bewegen wollte. Seine Beharrlichkeit siegte, und ich erklärte mich bereit, an einem nationalen Treffen teilzunehmen, bei dem über Verteidigung, Abrüstung, Waffengeschäfte und Entwicklungshilfe verhandelt werden sollte. Die Zuhörerschaft, die sich eingefunden hatte, beeindruckte mich: So viele Männer und Frauen fühlten sich von diesen Problemen betroffen und engagierten sich, um etwas zu ändern. Ich sprach zu einem Publikum, unter dem sich nur wenige Christen befanden. Hier, wie schon öfter bei anderen Gelegenheiten, wurde mir die Unsicherheit der Kirche bewußt; einer demütigen und verletzlichen Kirche, die sich zugleich jedoch glücklich preist, das Evangelium des Friedens zu verkünden. Bei dieser Versammlung entdeckte ich, welch wegweisende Bedeutung die Probleme des Friedens für die Sendung der Kirche haben. Auf diesem Gebiet müssen die Christen noch ihren Platz einnehmen.

2. *Das Gleichnis vom verlorenen Schaf* bringt die Dynamik des Evangeliums besonders gut zum Ausdruck: Es gebietet, die neunundneunzig Schafe zurückzulassen, um dem einen verlorenen nachzugehen. Jesus

fürchtet sich nicht, die Seinen zurückzulassen, um die aufzusuchen, die an den Rand gedrängt sind: die Aussätzigen und die Sünder. Ihnen weiß er sich durch seine Sendung besonders verpflichtet. Indem er zu denen geht, welche die Gesellschaft verachtet, zeigt er seine Entschlossenheit und seinen Mut, die sozialen und religiösen Grenzen seiner Zeit zu überschreiten. Er scheut keine öffentliche Auseinandersetzung mit allen seinen Gegnern, wenn es gilt, die Ausgestoßenen in die Gemeinschaft zurückzuführen.

Jesus begibt sich zu ihnen, allein schon dadurch schließt er niemanden aus. Da er zu jenen gekommen ist, die übergangen werden, ist er gewiß, zum Vater zurückzukehren, um für alle ohne Ausnahme dazusein. Der Hirte des verlorenen Schafes wird zum Hirten aller. Er hatte keine Furcht, zu den Verachteten zu gehen; dadurch hat sein Blick sich verändert, sein Herz wurde weiter und seine Freude größer. Er kehrt verwandelt zu denen zurück, die er verlassen mußte. Voll Freude trägt er das verlorene Schaf auf seinen Schultern und sagt allen: „Freut euch!" So ist auch die Freude im Himmel.

Das Da-Sein bei den Ausgestoßenen bestimmt die Sendung. Franz von Assisi meint diese Erfahrung, wenn er schreibt: „Der Herr führte mich zu den Aussätzigen." Das ist kein Umweg, sondern eine Notwendigkeit, die sich aus der Sendung ergibt. Der Weg zu den Ausgestoßenen öffnet den Weg zu allen.

Während des Sommers bekam ich einen Anruf der Botschaft von Südafrika. Mir wurde ein Visum bewilligt, um einen Gefangenen, der aus Évreux stammt, zu besuchen: Pierre-André Albertini. Seit Monaten schon hatten seine Eltern alles versucht, um seine Freilassung zu erreichen. Ein Unterstützungskomitee, zu dem auch ich gehörte, hatte die öffentliche Meinung sensibilisiert. Ich hatte mich von Anfang an in dieser Sache engagiert. So hatte mich das Unterstützungskomitee gebeten, nach Südafrika zu gehen, um Pierre-André zu besuchen und neue Nachricht von ihm zu erhalten. Ich mußte mich schnell entscheiden, denn der Reisetermin fiel auf das Datum einer Diözesanwallfahrt nach Lourdes, die ich begleiten sollte. War es angemessen, den Pilgerzug allein zu lassen, um einen einzelnen Gefangenen zu besuchen? Würde es nicht zu einer starken Spannung in der Diözese führen, wenn ich mich entschied, nach Südafrika und nicht nach Lourdes zu gehen?

Nachdem ich mich entschlossen hatte, den Gefangenen im Land der Apartheid zu besuchen, ließen die Reaktionen mancher Gläubigen nicht lange auf sich warten: „Warum so weit verreisen? Warum läßt er uns im Stich? Uns gibt es auch noch. Wir haben ein Recht darauf, daß unser Bischof uns liebt.“ Andere gingen mit sich zu Rate, um besser verstehen zu können. Wieder andere erkannten darin ein Handeln im Sinne des Evangeliums. Sich mit den Ausgestoßenen zu verbünden bedeutet immer, den Argwohn jener Christen zu schüren, denen bei Veränderungen in der Kirche unwohl wird. Wie aber diejenigen nicht entmutigen, die alles so lassen möchten, wie es ist? Können sie dies im übrigen noch lange so tun?

Wer zu den von der Welt im Stich Gelassenen geht, läuft Gefahr, die Kluft zu vertiefen, die sie von den anderen trennt, die sich einer Öffnung für die Welt verschließen. Es gibt aber auch Männer und Frauen, die vom Evangelium ergriffen sind. Wie kann man ihnen, die voranschreiten wollen, genügend Raum und Offenheit geben?

Der Bischof ist ein Späher im Halbdunkel des Morgens. Er fühlt sich hin und her gerissen zwischen dem gewohnten Dienst und der Verfügbarkeit für die Ausgestoßenen, zwischen der Sprache der Kirche auf all ihren Ebenen und der Sprache derer, die an den Rand gedrängt sind. Ein kultureller Abstand trennt die Kirche von den neuen Lebensmilieus.

Die Erfahrung zeigt, daß eine brüderliche Gemeinschaft, die betet und sich engagiert, nicht ausreicht, diese neuen „Milieus", die der Kirche fremd sind, zu beeinflussen. Alles Bemühen um den Religionsunterricht, die Vorbereitung auf die Sakramente, die Ausbildung, die liturgischen Feiern und die Öffnung der Gemeinden, genügt nicht, um dem Sendungsauftrag gerecht zu werden. Das eigene Haus zu pflegen ist notwendig, aber ebenso notwendig ist, zu den anderen zu gehen und in ihrem Haus zu wohnen.

Der Auftrag Jesu verlangt Aufbruch. Wer aufbricht, läßt jene, die im Haus zurückbleiben, nicht im Stich. Die Botschaft des Evangeliums von der Befreiung gilt allen. Es ist Zeit, sich zu freuen und sich zu öffnen.

Hier stellt sich die schwierige Frage der Einheit. An ihr wird die Glaubwürdigkeit der Kirche gemessen. Die Verkündigung des Evangeliums kann nicht auf eine glaubwürdige Kirche verzichten. Sie wird glaubwürdig, indem sie sich mit den Benachteiligten solidarisch erweist und sich für die Ausgestoßenen einsetzt, auch auf das Risiko hin, sich bei der Verteidigung der Menschenrechte zu kompromittieren.

Wenn die Kirche diesen Weg einschlägt, stellt sie sich dadurch zwangsläufig auf die Probe. Die christlichen Gemeinden werden erschüttert, Gegnerschaften treten zutage, Anfechtungen setzen ein, Spaltungen werden offenkundig. Der Kirche werden unterschiedlichste Koalitionsangebote gemacht. Sie erlebt den schwierigen Lernprozeß eines legitimen Pluralismus und einer Einheit in der Tiefe.

3. Das letzte Gericht: Es ist eine grandiose Szene: Jesus richtet sein Wort in die weite Ferne, an jeden Menschen guten Willens, über alle Kirchen hinaus. Seine Sprache ist einfach, ohne jeden religiösen Charakter, alle können sie verstehen: „Ich war hungrig, und ihr habt mir zu essen gegeben; ich war durstig, und ihr habt mir zu trinken gegeben. Ich war fremd, und ihr habt mich aufgenommen. Ich war krank, und ihr habt mich besucht. Ich war im Gefängnis, und ihr seid zu mir gekommen" (Mt 25,35 f).

In verblüffender Weise sprengt Jesus alle sozialen Barrieren und Vorurteile. Was für ihn zählt, ist der Mensch: der gedemütigte, leidende, ausgestoßene Mensch.

Jenseits der Glaubensüberzeugungen, der Ideologien und Denksysteme verweist Jesus auf die Praxis des Alltags: „Was ihr einem dieser Geringsten getan habt ..."

Jesus fragt nicht, welche Gefangenen wir besuchen oder welche Fremden wir aufnehmen. Egal, wer sie sind, er identifiziert sich mit ihnen: „Was ihr einem dieser Geringsten getan habt, das habt ihr mir getan" (Mt 25,40).

In der solidarischen Gemeinschaft mit den Armen empfangen wir etwas von ihnen. Doch mehr noch als im Hinblick auf uns selbst alarmieren sie uns im Hinblick auf die Gesellschaft. Die Menschen, die auf der Strecke bleiben – und ihre Zahl wächst –, werden zum Spiegel für die Gesellschaft.

Für die Ausgestoßenen dazusein, führt die Gläubigen ins Innerste des Sendungsauftrages der Kirche. Was für ein Paradox! Die Armen standen im Zentrum der Sendung Christi. Dies bedeutet, daß die Armen das Leben und den Auftrag der Kirche immer entscheidend prägen werden. Es kann sich in der Kirche nichts von Wert herausbilden, wenn es der Logik der Verkündigung der Frohbotschaft an die Armen widerspricht. Die Stärke der Christen wird immer ihre Verbundenheit mit den Armen sein.

Doch gewöhnlich verhält es sich nicht so. Meist werden diejenigen, die einen Dienst bei Menschen der Randgruppen versehen, im Leben ihrer Kirche selbst an den Rand gedrängt.

Eine Begebenheit hat mir dies bewußtgemacht: Vor einigen Jahren starb der Gefängnispfarrer von Évreux ganz unerwartet. Wochen, Monate vergingen. Niemand rührte sich, um zu sagen: „Wir müssen einen neuen Gefängnispfarrer finden." Hätte das gleiche Schicksal den Dompfarrer ereilt, hätte man keine Zeit verloren, den Bischof zur Ernennung eines Nachfolgers zu drängen.

Wir müssen uns vor Augen halten, daß der Dienst der Christen bei den Ausgestoßenen das Leben unserer Kirche in ihren verschiedenen Bereichen nicht wirklich „befruchtet". Man freut sich natürlich zu sehen, daß manche Gläubige sich in bewundernswerter Weise den Ärmsten widmen. Doch ihr Einsatz verändert nicht das Herz der Institution Kirche. Diese Christen können das gute Gewissen der Kirche werden.

Dennoch fehlt es uns nicht an starken, leuchtenden Worten, wie sie anläßlich der außerordentlichen römischen Bischofssynode von 1985 ausgesprochen wurden: „Die Kirche muß in prophetischer Weise jede Form der Armut und der Unterdrückung anklagen und die grundlegenden wie unveräußerlichen Rechte der menschlichen Person überall verteidigen und fördern."

Mit meiner Reise nach Südafrika, um den Gefangenen zu besuchen, wollte ich ein einfaches Zeichen des Evangeliums setzen und im Land der Apartheid von der Brüderlichkeit zwischen allen Völkern Zeugnis geben.

Auch heute leben Christen, zusammen mit Männern und Frauen aller Denkrichtungen, in täglicher Weggemeinschaft mit denen, welche die Gesellschaft übersehen hat. Sie tragen die erregende Botschaft des Evangeliums von der Befreiung weiter auf dem Weg der Geschichte zu den Völkern der Erde. Ihr Da-Sein und ihr Handeln bleiben ein kleines Licht in der Nacht.

9
Die aufrüttelnde Stimme der Zeugen

„Der Mensch von heute hört lieber auf Zeugen als auf Gelehrte, und wenn er auf Gelehrte hört, dann deshalb, weil sie Zeugen sind" (Paul VI., Apostolisches Schreiben über die Evangelisierung der Welt, Nr. 41).

Johannes der Täufer ist ein großer Zeuge. Er kommt, um Zeugnis abzulegen für das Licht. Der Mann aus der Wüste spricht ein freies Wort; das macht ihn offensichtlich gefährlich. Die Mächtigen schöpfen Verdacht. Niemand bleibt seinem Wort gegenüber gleichgültig. Seine Botschaft der Umkehr stiftet Verwirrung. Vor allem riskiert er, laut und kraftvoll zu sprechen. Johannes der Täufer ist ein demütiger Mensch, ein Wegbereiter. Er arbeitet nicht für sich selbst und strebt nicht danach, einen Anhängerkreis zu haben. Von Anfang an sagt er: „Ich bin nicht der Messias, auch nicht Elija oder der Prophet." Er ist sehr darauf bedacht, daß man ihn nicht mit einem anderen verwechselt.

Er arbeitet für einen anderen, kündigt das Kommen eines anderen an, lebt für einen anderen. Er bereitet die Wege des Herrn: „Nach mir kommt ein Mann, der mir voraus ist, weil er vor mir war" (Joh 1,30). „Ich bin nicht der Messias, sondern nur ein Gesandter, der ihm vorausgeht" (Joh 3,28).

„Er muß wachsen, ich aber muß kleiner werden" (Joh 3,30).

Der Zeuge verfügt nicht selbst über sein Schicksal. Er stellt sich nicht in den Mittelpunkt, noch macht er sich zum Vorbild. Er ist nicht davon besessen, sein eigenes Leben zum Erfolg zu führen. Ganz im Gegenteil, er führt sein Leben in dem Maß zum Erfolg, indem er den anderen hilft, ihr Leben gelingen zu lassen.

Johannes der Täufer legt nicht Zeugnis ab für sich selbst, für seine persönlichen Fähigkeiten, für seine Familie, für die Tradition, in der er steht. Seine Größe besteht darin, daß er Zeugnis ablegt von Christus. Indem er sein Leben als Dienst begreift, macht er sich verfügbar, um Christus der Menge vor-zustellen und, indem er völlig hinter Christus zurücktritt, findet er sich selbst.

Johannes der Täufer vermittelt ein Gefühl von der Nähe Gottes, ein Gefühl von seiner Gegenwart, weil er selbst von ihr erfüllt ist: „Die Liebe Gottes ist ausgegossen in unsere Herzen durch den Heiligen Geist, der uns gegeben ist" (Röm 5,5). Johannes der Täufer zieht die Scharen in die Wüste, weil er aus Gott lebt. Er ist der „Freund des Bräutigams", an den er sich eng anschließt und auf den er hört (Joh 3,29). Da er von der Gegenwart Gottes erfüllt ist, kann niemand mit ihm in Kontakt treten, ohne davon geprägt zu werden. „Wer in mir bleibt und in wem ich bleibe, der bringt reiche Frucht" (Joh 15,5).

Der Zeuge sagt nicht das, was er in Büchern gelesen hat. Er hat niemals aufgehört, Gott zu suchen. Zwei Mal sagt Johannes in verschiedenen Zusammenhängen, wenn er von Jesus spricht: „Und ich kannte ihn nicht" (Joh 1,31.33).

Als er später im Gefängnis sitzt, schickt er seine

Jünger zu Jesus mit der Frage: „Bist du der, der kommen soll, oder müssen wir auf einen anderen warten?“ (Mt 11,3)

Der Zeuge ist ein betender Mensch, der seine Gotteserfahrung mitteilt. Die innere Verfügbarkeit für den Heiligen Geist und die Offenheit für die Bedürfnisse der Menge sind nicht voneinander zu trennen. Der vertraute Umgang mit Christus geht nicht auf Kosten der Solidarität mit den Menschen. Dasein für Gott und Dasein für den Menschen hängen eng zusammen. Die Scharen, die zu Johannes dem Täufer kommen, täuschen sich darüber nicht.

Johannes der Täufer hat keine Angst, sich für seinen Glauben in Gefahr zu begeben. Sein Glaubensmut macht ihn zu einem Rebellen, der mit seinem Aufbruch in die Wüste in den Widerstand getreten ist. Er wagt es, „ich“ zu sagen, wenn er sich für das einsetzt, was er glaubt. „Ich sah, daß der Geist vom Himmel herabkam wie eine Taube und auf ihm blieb ... Das habe ich gesehen und ich bezeuge: Er ist der Sohn Gottes“ (Joh 1,32.34).

Das Zeugnis hängt immer davon ab, wie der Glaube beschaffen ist. Der Glaube wird nicht durch Druck oder Autorität weitergegeben, sondern als Angebot in einer Atmosphäre der Freundschaft und der Achtung, in welcher der andere seine Freiheit wahren kann. Glaube muß geteilt und mitgeteilt werden. Ein Glaube, der geteilt werden kann, ist ein reifer Glaube. Johannes der Täufer hat seinen Glauben in allen Situationen bezeugt. Das brachte ihm Gefängnis und Tod ein. So hat er das Kommen Jesu nicht nur durch seine Predigt, sondern auch durch seinen Tod verkündigt.

Johannes der Täufer kannte die Freude, die tiefe, innere Freude der Begegnung mit Christus, dessen Stimme er als die des Bräutigams erkannte. „Diese Freude ist für mich Wirklichkeit geworden" (Joh 3,29).

Es gibt kein Zeugnis ohne Freude. Die Freude ist das Zeichen dafür, daß man liebt. Daher ist es nicht möglich, ohne Freude zu lieben. Wir sind zur Freude geschaffen. Jesus gibt seinen Jüngern das wunderbare Versprechen: „Ich werde euch wiedersehen, da wird euer Herz sich freuen, und diese Freude kann euch niemand nehmen" (Joh 16,22).

Johannes der Täufer ist glücklich, dem zu dienen, den er liebt, und ihn anzukündigen. Hier dürfen wir an die Worte Papst Pauls VI. in seinem Apostolischen Schreiben „Über die Evangelisierung in der Welt von heute" (Nr. 80) erinnern: „Hegen Wir die innige und tröstliche Freude der Verkündigung des Evangeliums, selbst wenn Wir unter Tränen säen sollten. Es sei für uns – wie für Johannes den Täufer ... ein innerer Antrieb, den niemand und nichts ersticken kann. Es sei die große Freude Unseres als Opfer dargebrachten Lebens. Die Welt von heute, die sowohl in Angst wie in Hoffnung auf der Suche ist, möge die Frohbotschaft nicht aus dem Munde trauriger und mutlos gemachter Verkünder hören, die keine Geduld haben und ängstlich sind, sondern von Dienern des Evangeliums, deren Leben voller Glut erstrahlt, die als erste die Freude Christi in sich aufgenommen haben und die entschlossen sind, ihr Leben einzusetzen, damit das Reich Gottes verkündet und die Kirche in das Herz der Welt eingepflanzt werde."

Am Fest Allerheiligen sollen wir nicht die Heiligkeit feiern, mit der wir nichts zu tun haben, die gleichsam über unseren Köpfen schwebt. Es wäre heuchlerisch, nur die Heiligkeit der anderen zu verehren, die Heiligkeit für die anderen ... Jeder sollte sich fragen: Wie sieht die Heiligkeit aus, die auf mich wartet, welcher Weg führt mich zu ihr?

Wie kann man heute die Botschaft von den Seligpreisungen hören, ohne sie zu verfälschen und ohne sich selbst zu betrügen? Wie kann ich mich vom „Radikalen" erfassen lassen – von dem, was meine Freiheit „an ihrer Wurzel" berührt?

Franz von Assisi träumte von einer Kirche, die das Evangelium wörtlich nimmt – in seiner nackten Einfachheit, die keine Ausflüchte kennt, keine leeren Phrasen, keine feierlichen Reden, die am Leben vorbeigehen; er träumte von einer Kirche, die keine Pläne ohne Inhalt faßt oder Entscheidungen fällt, die nicht wirklich verpflichten.

Wir empfangen die Seligpreisungen wie Worte des Glücklichseins, weil es Worte des Gottesreiches sind; Worte, die das Reich Gottes zum Ziel haben und dessen Forderungen verkünden.

Verzichten wir auf die entmutigende Vorstellung einer Heiligkeit, die nur weit weg von uns in einer magischen Zauberwelt existierte ... Männer und Frauen, die Christus suchen, sind Menschen wie alle anderen; Heilige werden sie einfach dadurch, daß sie von Anfang an in der Logik ihres Glaubens mehr Treue, Aufmerksamkeit und Konsequenz gezeigt haben.

Heiligkeit ist keine verstaubte Angelegenheit von

gestern. Heute sind die wahren Freunde Gottes Zeugen, die überall um uns sind. Gemeinsam ist all denen, die – ganz in unserer Nähe – als Heilige betrachtet werden können, die demütige Treue zu einem radikalen Ruf, der sie dazu trieb, auf jede materielle und psychische Behaglichkeit zu verzichten. Sie hatten keine Angst, sich auf den Weg zu machen, der manchmal ein Exodus war, um näher zu den Menschen zu gelangen, die weit, weit weg von allem, weit entfernt von sich selbst und von Gott sind. Sie versuchen nicht, auf sich aufmerksam zu machen. Gott ist es, der denen, die reinen Herzens sind, seine Aufmerksamkeit schenkt.

Denn die Heiligkeit ist im Leben des Menschen letztlich nichts anderes als jene beständige Gegenwart, die gleichermaßen zutiefst göttlich und menschlich ist. Das ist „Christus in uns, Hoffnung auf die Herrlichkeit". Fast könnte man wagen zu sagen, daß dies das wahre Gesicht Gottes für den Menschen ist und das wahre Gesicht des Menschen für Gott.

Unserer Welt fehlt es nicht an Zeugen. Was können wir heute von ihnen erwarten? Haben die Zeugen unserer Zeit besondere Merkmale, Haltungen und Einstellungen, die nötig sind für die Entwicklung der Welt? Ich hebe drei Kennzeichen dieser Zeugen, die uns auf unseren Wegen begegnen, hervor, ohne daß uns dies überfordern oder entmutigen soll.

1. Zeugen sind Menschen von uneingeschränkter Brüderlichkeit

Jeder Getaufte ist aufgerufen, als Bruder oder Schwester aller zu leben. Alle Menschen sind Schwestern und Brüder, welcher Rasse sie auch immer angehören und wie auch immer ihre Hautfarbe sein mag. In einer Welt, die wesentlich durch Austausch und Kommunikation gekennzeichnet ist, lädt das Evangelium uns mehr denn je dazu ein, weltweite Brüderlichkeit und Schwesterlichkeit zu wagen. Der Heilige Geist treibt uns an, unsere sicheren Schutzräume zu verlassen. Unsere Erde zählt heute rund fünf Milliarden Bewohner. Mehr als drei Viertel aller Menschen leben in der Dritten Welt. Die Dritte Welt ist jung: mehr als 50% ihrer Bevölkerung ist weniger als 20 Jahre alt! Der „Schwerpunkt" der Welt liegt heute in Asien.

Schon bereiten wir uns auf ein Europa nach 1992 ohne Grenzen und mit einem freien Markt vor. Der Zeitpunkt ist gekommen, sich nicht mehr auf seine eigenen Angelegenheiten zurückzuziehen und einen Geist des Sich-Verschließens zu pflegen; es gilt vielmehr, Hindernisse zu überwinden und Grenzen zu öffnen. Das Streben nach Wahrheit, das Ja zum Pluralismus, die Achtung vor fremden Kulturen fördern Annäherung und Begegnung. Isolation und Abschottung dagegen sind tödlich.

Ein mir bekanntes junges Ehepaar lebt diese Brüderlichkeit, die sie für andere öffnet. Mit ihren Kindern sind sie eine geeinte Familie, in der gerne gebetet und der Glaube gemeinsam gelebt wird. Beide sind fest in ihrem Dorf in der Normandie verwurzelt und sind dort zu einem regelrechten „Knotenpunkt" der Kommunikation und des Austauschs der verschiedenen Initiativen für den Frieden, der Abrüstung, der Menschenrechte und der Entwicklung geworden. Mit Ausdauer überwinden sie alle Hindernisse, die sich der Begegnung und der Auseinandersetzung mit anderen in den Weg stellen. Für sie ist das Evangelium eine

Botschaft der Befreiung, die sich an den ganzen Menschen und an alle Menschen wendet.

An einem Sonntag fand in einem Dorf ein Fest statt, das die „Confédération Paysanne“, eine Minderheitengewerkschaft, organisiert hatte. Im Lauf des Nachmittags machte ich in diesem Dorf Halt, weil ich dort eingeladen war. Ich kam mit allen zusammen, die am Fest teilnahmen. Mit dieser Begegnung wollte ich auf diese aktive Minderheit aus der bäuerlichen Welt aufmerksam machen.

Die Reaktionen ließen nicht auf sich warten. Ein Verantwortlicher der Mehrheitengewerkschaft schrieb mir: „Sie haben einen Partisanengeist gezeigt und dadurch die Ziele der anderen zurückgewiesen, während Sie Ihre moralische Billigung der einen gegen die anderen verwendeten. Ich wäre nie auf die Idee gekommen, Sie zu unseren Versammlungen einzuladen, weil ich dem Rechnung tragen wollte, daß Sie der Bischof aller sein sollen.“

Um für alle da zu sein, muß man irgendwo verwurzelt sein. Gehört man nirgendwo hin, ist man auch für niemanden da. Nur in gelebter Solidarität, hier und jetzt, öffnet man sich dem Universalen. Solidarisch sein meint nicht Gleichmacherei. Der Sendungsauftrag zielt immer auf ein Mit-Sein und ein Teilen.

Brüderlichkeit und Schwesterlichkeit ohne Grenzen sind herausfordernd. Dom Hélder Câmara hörte eines Tages, daß eine Kirche seiner Diözese ausgeraubt worden sei. Man hatte den Tabernakel aufgebrochen und die geweihten Hostien in den Ausguß geworfen. Betroffen von diesem Frevel äußerten die Gläubigen ihren Protest und verlangten vom Bischof eine Sühnemesse.

Dom Hélder verstand ihren berechtigten Wunsch durchaus. Doch fragte er sie: „Wenn ihr Zeugen seid, wie Menschen verhaftet, gefoltert, getötet werden, protestiert ihr dann? Verlangt ihr dann auch eine Sühnemesse? Diese Menschen sind doch die leidenden Glieder Christi, die man mit Füßen tritt. Sie sind der Leib Christi, den man verfolgt."

2. Zeugen sind Menschen, die von Leidenschaft für die Gerechtigkeit erfüllt sind

Wir leben in einer Welt, die zutiefst von Ungerechtigkeit geprägt ist. Durch die Herrschaft des Geldes und die Härte des Wettbewerbs werden immer mehr Menschen an den Rand der Gesellschaft gedrängt.

„Der Geist Jesu Christi wird uns nicht ruhen lassen, solange es Ausgestoßene und Übergangene gibt. Gibt es etwa verschiedene Kategorien von Menschen auf dem Gebiet der Ernährung, der Arbeit, der sozialen Sicherung, der Erziehung, Nationalität, der Zukunftschancen?

Einige werden der Armut und der Randständigkeit überlassen, werden zurückgewiesen, weil sie Fremde sind, werden von der Gesellschaft geopfert und erhalten höchstens wohltätige Unterstützung. Im günstigsten Fall müssen sie sich mit einem garantierten sozialen Minimum begnügen.

Andere sind aktiv und dynamisch. Sie verfügen über zahlreiche Mittel, genießen gesellschaftliche Anerkennung und bestimmte Vorteile, wie die Gewinne aus dem Börsengeschäft.

... Wir können keine Welt akzeptieren, deren einzige Logik darin besteht, immer mehr zu produzieren, vorausgesetzt, das Produkt verkauft sich, bringt Gewinne und Macht; können keine Welt hinnehmen, in der finanzieller Erfolg wirtschaftlich Schwache in den Schatten stellt und in der die geforderten Anstrengungen und Opfer ungleich verteilt sind" (Erklärung der Bischöflichen Kommission für die Arbeitswelt, 14. Oktober 1987).

Wir müssen erleben, wie diejenigen, welche für Gerechtigkeit kämpfen, unterdrückt werden. Soziale Errungenschaften, die in jahrelangen Konflikten erkämpft wurden, verschwinden schlagartig. Es gibt einen wachsenden Widerstand im Herzen derer, denen sogar das Recht auf freie Meinungsäußerung abgesprochen wird. Der Hungerstreik ist oft ihr letztes Mittel, um auf sich aufmerksam zu machen.

In der Bibel bedeutet Gerechtigkeit, dem anderen Raum zu geben. Die Liebe ist der Schlüssel zu einer Öffnung für das Elend der anderen.

Der Prophet Jesaja verkündet mit Worten des Feuers das Verlangen Gottes, Gerechtigkeit in unserem Leben aufleuchten zu lassen: „Das ist ein Fasten, wie ich es liebe: Die Fesseln des Unrechts zu lösen, die Stricke des Jochs zu entfernen, die Versklavten freizulassen, jedes Joch zu zerbrechen; an die Hungrigen dein Brot auszuteilen, die obdachlosen Armen ins Haus aufzunehmen, wenn du einen Nackten siehst, ihn bekleiden, und dich deinen Verwandten nicht zu entziehen. Dann wird dein Licht hervorbrechen wie die Morgenröte und deine Wunden werden schnell vernarben. Deine Gerechtigkeit geht dir voran, die Herrlichkeit des Herrn folgt dir nach" (Jes 58, 6–8).

Erzbischof Romero hat in seinem Leben und Sterben die vollkommene Gerechtigkeit des Evangeliums aufleuchten lassen. Er hat sich dafür entschieden, am menschlichen Abenteuer seines unterdrückten Volkes teilzunehmen. Er hat sein Schicksal an das des Volkes gebunden und dessen Rechte mit Worten von prophetischer Kraft verteidigt.

Er war jedoch auf diesen Kampf gegen das Unrecht durch nichts vorbereitet. Seine Bekehrung geschah, als er schon Bischof war. An Papst Paul VI. schrieb Erzbischof Romero: „Ich glaube, daß Gott eine Kraft von mir verlangt und sie mir gegeben hat, die meinen Neigungen und meinem konservativen Temperament entgegensteht." Alle Verdächtigungen und alle Kritik innerhalb der Kirche von El Salvador, alle Drohungen und Gewalttätigkeiten gegen sein Volk konnten ihn nicht daran hindern, laut und unmißverständlich zu sprechen. „Niemand kann die Stimme der Gerechtigkeit töten", sagte er kurz vor seiner Ermordung. – Heute wissen die Zeugen, daß Solidarität mit den Armen und Unterdrückten keine wahlweise Ergänzung zum Christsein ist, sondern zum Kern christlicher Identität gehört. Heiligkeit kann es nicht ohne Solidarität und Engagement für die Förderung der Gerechtigkeit geben. Ein Zeuge ist erfüllt von der Leidenschaft für den Menschen und von der Leidenschaft für Gott.

3. Zeugen sind Menschen, die am Frieden bauen

Die Seligpreisung des Friedens gewinnt in unserer Zeit ein besonderes Profil. Jede Beschwörung des Friedens ist vergeblich, wenn sie nicht in eine konkrete Arbeit für den Frieden umgesetzt wird – mit allen Risiken, Auseinandersetzungen und Widersprüchen, die ein solches Engagement begleiten. Für den Frieden arbeiten ist kein Mittel, um „Frieden zu haben".

Der Friede wächst nicht in einer Atmosphäre der Verdächtigungen, des Mißtrauens oder des Hasses. Die Stellungnahmen zur Ausgrenzung von Einwanderern und zum Antisemitismus zeigen, daß der Rassismus immer noch bedrohlich ist.

Der Rüstungswettlauf richtet sich gegen die Brüderlichkeit unter den Völkern. Wenn es aus historischen, kulturellen und politischen Gründen Mißtrauen zwischen den Völkern gibt, muß daran gearbeitet werden, es abzubauen. Lassen wir uns nicht in der Vergangenheit einschließen! Ein Abbau des Mißtrauens kann „von oben" geschehen, wie z.B. durch das Abkommen von Helsinki oder durch Abrüstungsverhandlungen, doch muß er auch „von unten" ermöglicht werden: durch Kontakte zwischen den Menschen, durch Kulturaustausch und offene Informationspolitik über die Grenzen hinweg. Denn die Abrüstung betrifft die Zukunft der ganzen Menschheit und überschreitet unsere politischen Grenzen.

Vielleicht ist uns das Problem des Friedens und der Abrüstung in seiner weltweiten Dimension noch nie so deutlich bewußt geworden. Wir sind solidarisch im Einsatz für den Frieden. Für mich war es ein Zeichen der Hoffnung, als ein Christ aus meiner Diözese auf Einladung der Bewegung „Freiheit und Frieden" an einem internationalen Seminar in Warschau teilgenommen hat, wo darüber nachgedacht wurde, wie man die Vereinbarungen von Helsinki in die Tat umsetzen könnte.

Frieden ist nicht nur Abwesenheit von Krieg und Abbau der militärischen Bedrohungspotentiale. Er beruht auf Gerechtigkeit, Freiheit, Solidarität und Wahrheit.

Für den Frieden arbeiten heißt, nach echten Alternativen zu suchen, besonders nach Möglichkeiten einer zivilen und gewaltfreien Verteidigung, durch die die Menschen Schritt für Schritt Vertrauen zu ihren eigenen Fähigkeiten des Widerstands gewinnen.

Auch der Mut zu einseitigen Abrüstungsinitiativen ist jetzt gefordert. Wenn wir die Abrüstung wollen, können wir sie auf einem verantwortbaren und realistischen Weg nur erreichen, wenn wir nach nichtmilitärischen Alternativen zur Verteidigung dessen suchen, was wert ist, verteidigt zu werden.

Es ist ein neuer, wenig erprobter Weg, doch das Übermaß der Gewalt und der Rüstungswahn fordern uns zu dieser gewaltlosen Verteidigung heraus. Dieser neue Weg scheint mir ein Zeichen der Zeit zu sein.

Die Botschaft des Evangeliums ist für mich keine Botschaft des Verzichts auf Widerstand, sondern des Verzichts auf Gewalt. Sie lädt dazu ein, Mittel zu suchen, damit Konflikte ausgetragen werden können, ohne daß die Gegner die Achtung voreinander verlieren. Die Art und Weise, wie es dem Volk auf den Philippinen im Februar 1986 gelungen ist, das Marcos-Regime zu stürzen, ist ein gutes Beispiel eines Kampfes für den wahren Frieden ohne die Mittel der Gewalt.

Ich bin glücklich darüber, daß zur Zeit in Frankreich ein Prozeß des Nachdenkens über gewaltfreie Aktionen im Gang gekommen ist. Gerade die Christen müssen hier neue Wege eröffnen. General de Bollardière, ein großer Zeuge der Gewaltlosigkeit, glaubte nach bitteren Erfahrungen von Ungerechtigkeit und Unterdrückung an die Waffen der Liebe. Er sagte: „Jeden Versuch, die Welt auf Beziehungen der Gewalt aufzubauen, halte ich für eine völlige Perversion der Frohen Botschaft."

10
Das Lied der Kirche auf dem Weg

Lukasevangelium 1,46–55

Maria ist mit uns unterwegs. Weil sie Gott nahe ist, ist sie auch uns nahe.

Großartige Namen sind ihr gegeben worden: Pforte des Himmels, Stern des Meeres, Zuflucht der Sünder, Mutter der Barmherzigkeit ...

Bei der Heimsuchung singt Maria voll Freude. Das „Magnificat“ bricht aus ihrer Begegnung mit Elisabeth hervor. Maria ist eine Frau, die sich dem Geist Gottes nicht widersetzt. Er kann mit Macht an ihr handeln, und so wird sie frei zum Lieben und zum Dienen. Sie kann ihr Leben zum Lied machen und sich vom Evangelium ergreifen lassen.

Auch am Ostermorgen singt Maria voll Freude. Doch der Lobgesang der Auferstehung ist nur zusammen mit der Prüfung des Kreuzes zu verstehen. Wenn Maria unter allen Frauen gesegnet ist, so ist sie auch die am meisten erniedrigte Frau. Wenn auch alle Generationen sie selig nennen, kennt sie doch die Demütigung am Fuß des Kreuzes. Sie ist die Mutter eines zum Tode Verurteilten, ihr Sohn wurde von ihrem Volk verworfen.

Der Lobgesang Marias ist der Lobpreis der Kirche geworden. Tag für Tag gibt uns die Kirche die Worte des Magnificat zu sprechen. In der Freude wie im Leid können die Jünger Christi für die Befreiung seines

Volkes danksagen. Jedesmal wenn sie an der Feier der Eucharistie teilnehmen, nehmen sie auch Platz am Tisch des „Magnificat“. Die Hoffnung der Armen findet stets ihren Ausdruck in diesem Lied, in dem die Verheißungen Gottes niemals vergeblich bleiben.

Die Freude der Begegnung

Maria ist auf dem Weg. Eilends begibt sie sich zu ihrer Cousine Elisabeth. Sie verläßt Nazareth nicht, ohne vorher ja zum Herrn gesagt zu haben. Seit jenem denkwürdigen Tag, an dem sie die ganze hinreißende Kraft Gottes an sich erlebt hat, ist sie voller Freude. Ihr Leben ist ein Lied für Gott.

Elisabeth sieht ihre junge Cousine mit eiligen Schritten kommen. Sie vernimmt den Gruß Marias und sagt: „ In dem Augenblick, als ich deinen Gruß hörte, hüpfte das Kind vor Freude in meinem Leib.“

An der Freude Elisabeths zeigt sich, wie wichtig ein einfacher Gruß sein kann, wenn er aus einem Herzen kommt, das von Gott erfüllt ist. Ein Lächeln, ein Blick, ein Wort genügen, um die Mutlosigkeit und die Traurigkeit, die uns bedrängen, zu vertreiben.

Während eines Pastoralbesuchs baten mich Christen um den Besuch bei einer besonders hart geprüften Familie. Ich suchte diese Familie auf, die mitten auf dem Land in einem einsam gelegenen Haus wohnt. Der Vater ist krank und kann nicht arbeiten. In der Küche befindet sich ein schwerbehinderter Jugendlicher von 18 Jahren. Alles ist armselig in diesem Haus. Aber die Familie hat sich versammelt, würdevoll und still. Und die Mutter ergreift das Wort: „Wie ist es möglich, daß der Bischof hierher kommt? Man hatte wohl gesagt, daß Sie kämen; aber ich wagte nicht daran zu glauben. Und nun sind Sie einfach da. Wir sind wirklich sehr glücklich."

Mein Kommen freute sie so sehr, daß ich gerührt war. Durch meinen Besuch fühlte sich diese Familie anerkannt und aufgewertet. Mir wurde klar, daß durch mich etwas geschah, was größer war als ich: Die Liebe Gottes selbst erreichte durch meine Worte und Gesten die Herzen dieser Menschen und verwandelte sie. Einige Monate später kamen sie zur Ostermesse in die Kathedrale und überraschten mich mit einem Besuch in der Sakristei.

Wer vermag die Bedeutung eines Besuchs oder eines Briefs für einen Gefangenen zu ermessen! Den Wert eines einfachen Handschlags für einen Kranken! Die Bedeutung eines teilnehmenden Blicks für einen, der entmutigt ist! Im Evangelium ändert sich das ganze Leben eines Menschen, weil Jesus ihn angeschaut hat.

Alle beide, Maria und Elisabeth, wurden vom Heiligen Geist ergriffen. Der Geist bringt sie einander näher und führt sie zur Begegnung. Die beiden Frauen lernen sich in besonderer Weise kennen. Der Geist gibt ihnen Anteil an einem Werk, das sie gemeinsam vollenden sollen. Freudig stellen sie sich für die Verwirklichung von Gottes Plan zur Verfügung.

Die beiden Mütter stellen sich in den Dienst dessen, was Gott von ihnen erwartet. Der Auftrag, der ihnen anvertraut ist, ergreift sie nunmehr ganz und gar.

In dem Dialog, der sich zwischen Maria und Elisabeth ergibt, sprechen die beiden nicht von sich. Sie dringen tiefer ein in das Verständnis dessen, was von ihnen verlangt ist. Jede offenbart der anderen ihren wahren Platz in der Ausführung von Gottes Plan.

In diesem Dialog erkennt Elisabeth die Initiative Marias: „Wer bin ich, daß die Mutter meines Herrn zu mir kommt?" Der Respekt von unten nach oben besteht oft durch die Macht der Verhältnisse. Doch der Respekt von oben nach unten – ohne Herablassung und Bevormundung –, ein Respekt, der den anderen frei läßt und ihn nicht bedrängt, ist selten und kostbar. Diese Einfachheit und dieser Respekt, mit denen die beiden Frauen einander begegnen, macht sie fähig, Gott zu lobsingen.

Wir sind eine Kirche der Heimsuchung. Die Kirche erhält ihre Kraft durch die vielfältigen Begegnungen, die ihr tägliches Leben ausmachen. Das gewöhnliche Leben ist aus banalen Begegnungen gewoben, bei denen man Zeuge eines Augenzwinkerns des Herrn ist und mitunter sogar Zeuge von „kleinen Auferstehungen". Durch diese vertrauten Zeichen der Begegnung hindurch ereignet sich dann etwas völlig Unerwartetes: ein Wort, das zum Licht wird für den Weg, eine Geste, ein freundschaftlicher Trost. Jeder offenbart dem anderen etwas, was diesen wachsen läßt. Eine Freude überkommt uns, die den Tag hell macht. Die Kirche der Heimsuchung nimmt sich Zeit für diese Freude. Wenn die Kirche sich zum Ort des Gesprächs und des Dialogs macht, lernt sie die Sprache Gottes durch die Worte der Menschen hindurch.

Verwundete Seele

Am Fuß des Kreuzes steht Maria stellvertretend für alle Menschen. Sie ist aufrecht im Glauben und nah durch ihre Liebe. Das Leiden ihres Sohnes wird zu ihrem eigenen Leid. Angesichts des großen Geschehens nimmt sie teil an der Opfergabe Jesu an seinen Vater für das Heil der Welt. Die Passion ist für sie ein neues Gebären.

Einmal war ich bei Zigeunern, die sich zu einer Bildungstagung in der Diözese aufhielten. Während die Eltern im großen Saal arbeiteten, spielten die Kinder vergnügt draußen. Plötzlich sah ich, wie die Kinder hereinstürmten – wie ein Vogelschwarm, der schlagartig die Richtung wechselte – und sich zu ihren Eltern kauerten.

Zu meinem Erstaunen erklärte eine Mutter: „Das ist wegen der Gendarmen draußen. Wenn die Kinder sie sehen, bekommen sie Angst und flüchten sich zu uns."

Während ein Zigeuner hinausging, um mit den Gendarmen zu reden, entwickelte sich drinnen eine lebhafte Diskussion. „Wohin wir auch kommen, überall will man unsere Ausweise sehen. Wir gelten von vornherein als verdächtig. Wir werden nicht akzeptiert. Man hält uns für Diebe." Während sie diese Vorwürfe äußerten, riefen sie Maria an. Ich fragte warum. „Maria versteht uns, weil sie viel gelitten hat. Das kann man nicht vergessen. Wenn eines unserer Kinder sich in den Finger schneidet, geht alles drunter und drüber. Bei Maria ist das etwas anderes. Am Kreuz nimmt man ihr ihren Sohn. Sie weiß, was Leiden bedeutet. Deshalb haben wir keine Angst, uns an sie zu wenden."

Mitten in der Ferienzeit verliert ein mit mir befreundetes Ehepaar den 13jährigen Sohn durch einen Verkehrsunfall. Unterstützt durch viele Zeichen anteilnehmender Freundschaft und Gebete, tragen die Eltern den unfaßbaren Schmerz mit Würde. Zwei

Monate später spreche ich mit dem Vater, der tief gläubig ist. „Seit dem Tod meines Sohnes entdecke ich den Platz Marias in meinem Leben. Ich verstehe, was sie erlebt hat, als sie ihren Sohn verlor. Sie versteht unsere Not. Ich kann zu ihr beten."

Weil Maria in ihrer Seele verwundet ist und sie die Hoffnungslosigkeit der Menschen erfahren hat, hat sie uns etwas zu sagen. Weil ihr Glaube auf Golgatha unerschütterlich war, ist sie für uns ein Weg der Hoffnung.

Hoffnung der Armen

Wie können wir in heutiger Zeit, da immer mehr Menschen die Hoffnung verlieren, das Lied Marias aufnehmen? Kann man das „Magnificat" singen, das die Gewalt des Evangeliums in sich trägt und die Gewissen wachrüttelt, ohne sich lächerlich zu machen? Kann man diese Worte der Hoffnung aussprechen, ohne sich dafür einzusetzen, daß diese Welt eine andere wird, ohne eine bessere Zukunft für alle Menschen zu wollen? Spricht das „Magnificat" Marias die vorrangige Liebe der Kirche zu den Armen aus?

Eines ist sicher: die Armen, die für ihre Befreiung kämpfen, finden sich im „Magnificat" wieder und lernen, darin ihre eigene Geschichte zu lesen. „Der Herr stürzt die Mächtigen vom Thron und erhöht die Niedrigen. Die Hungernden beschenkt er mit seinen Gaben und läßt die Reichen leer ausgehen."

Da wird die Welt auf den Kopf gestellt. Alles gerät ins Wanken. Ausgestoßene und an den Rand Gedrängte werden sich ihrer Würde bewußt und finden schließlich Anerkennung. Sie lassen nichts mehr über sich ergehen. Sie werden nicht mehr unterdrückt. Die

Armen sind keine Menschen der Vergangenheit. Sie haben es eilig, ihre harten Lebensbedingungen hinter sich zu lassen. Sie leben in Erwartung und wenden sich der Zukunft zu. Die Hoffnung kann in ihnen aufblühen, und sie werden selbst Träger der Frohen Botschaft.

In seiner Enzyklika über Maria sagt Papst Johannes Paul II.: So „wird sich die Kirche immer wieder neu und besser bewußt, *daß man die Wahrheit über Gott, der rettet,* über Gott, die Quelle jeglicher Gabe, *nicht von der Bekundung seiner vorrangigen Liebe für die Armen und Niedrigen trennen kann,* wie sie, bereits im Magnifikat besungen, dann in den Worten und Taten Jesu ihren Ausdruck findet“ (Redemptoris Mater Nr. 37).

In der Tat stürzt Jesus die Mächtigen vom Thron. Er schickt die Reichen mit leeren Händen fort. Doch er will alle befreien, die Armen und die Reichen. Die Frohbotschaft ist ein Angebot an alle. Wie aber können die Reichen Gott begegnen, ohne mit den Armen solidarisch zu werden?

Die Äußerungen Jesu sind klar: „Wehe, ihr Reichen ...“ „Wie schwierig ist es für einen Reichen, in das Reich Gottes einzutreten.“ „Ihr könnt nicht Gott und dem Geld dienen.“ Jesus sagt dies nicht, um die Reichen zu beschuldigen, sondern um sie zu befreien.

Die Reichen und die Mächtigen tun alles, um ihre Positionen und Privilegien zu behalten, ihre Interessen zu wahren, ihre Sicherheit zu festigen, die bestehende Ordnung zu verkünden. Sie verteidigen sich gegen die Bedrohung der Gegenwart. Sie fürchten die Zukunft. Sie sind Leute der Vergangenheit, die zu allen Koalitionen bereit sind, wenn es darum geht, die Ungeduld der Armen zu ersticken und eine Änderung der Verhältnisse zu verhindern. Ihr Hunger nach Macht ist nicht zu stillen.

Die Reichen und die Mächtigen sind Gefangene ihrer Güter; sie leben von ihren Brüdern getrennt. Sie können nicht solidarisch und brüderlich werden, wenn sie weiterhin Reichtümer anhäufen. Es ist höchste Zeit, daß sie ihre Augen und ihre Hände öffnen. Der Gott der Armen steht in der Person des Lazarus vor ihrer Tür. Wer ihn nicht aufnimmt, kann sich nicht auf das Evangelium berufen.

Die Gier nach Besitz macht es unmöglich, frei und brüderlich zu sein. Es liegt im Wesen des Besitzes, der Kommunikation stets Hindernisse entgegenzustellen. Das bringt uns in Distanz zu den anderen und in Distanz zur Schöpfung.

Der Wille zur Macht ist ein Hindernis für die Brüderlichkeit und Schwesterlichkeit unter den Menschen wie für die Begegnung mit Gott. Wenn man darauf verzichtet, Menschen und Dinge zu beherrschen, findet man zu einer echten Beziehung mit dem anderen und mit allen Geschöpfen zurück.

„Der Herr stürzt die Mächtigen vom Thron ... Er läßt die Reichen leer ausgehen."

Es gibt keine schicksalhafte Verdammung der Reichen und der Mächtigen. Die Verkündigung des Evangeliums kann sie befreien, damit sie zu Partnern der Armen werden, die mit ihnen in ihrer Befreiung auf einer Seite stehen.

Heute wie früher fehlt es in allen Ländern der Welt nicht an Zeugen der Hoffnung. Aus ihrem Einsatz haben sie Wunden davongetragen. In Schwierigkeiten und Prüfungen hat die Hoffnung in ihnen Gestalt angenommen. Ihr Leben, das sie hingeben, aufs Spiel setzen bringt die Bewegung des „Magnificat" zum

Ausdruck. Befreit von jedem persönlichen Ehrgeiz, haben sie sich in den Dienst einer neuen Welt gestellt, in der Friede und Gerechtigkeit herrschen werden.

Einer dieser Zeugen hat meinen Weg hell gemacht: Georges Casalis, der in Nicaragua gestorben ist. Welch ein Symbol! Mit 16 Jahren ist er in die Widerstandsbewegung gegangen und hat sie nie mehr verlassen. Sein Glaube an Christus den Befreier hat ihn zu einem engagierten Christen gemacht, der mit der Sache des Menschen solidarisch ist.

Georges Casalis steht in seinem Bemühen auf der Seite aller Kämpfe für die Freiheit. Er leistete Widerstand gegen den Nationalsozialismus, klagte die Verbrechen des Kolonialismus in Algerien an, kämpfte unermüdlich für den Frieden, unterstützte den Kampf der Völker der Dritten Welt mit Leidenschaft, besonders in Nicaragua. Er hörte nicht auf, gegen all das zu kämpfen, was den Menschen verstümmelt und was ihn bedroht. Für ihn war die Botschaft von der Befreiung gleichsam ein Pakt mit der Hoffnung.

„Überall, wo ein Leben für die Befreiung der Menschen hingegeben wird", sagte er, „ist dies eine Quelle neuen Lebens, die seine Praxis der kompromißlosen Treue ‚zu den Geringsten unter seinen Brüdern' immer von neuem speist."

Auf Einladung von Iranern im Hungerstreik begab ich mich zu ihnen nach Paris. Sie protestierten gegen die Ausweisung von vierzehn Asylbewerbern, die endgültig nach Gabun abgeschoben wurden. Die meisten von ihnen hatten den Status politischer Flüchtlinge. Die Affäre erregte Aufsehen.

In den Wohnwagen begannen sie den 35. Tag ihres

Hungerstreiks. Ich sprach mit ihnen und ihren Familien und war bestürzt über das, was ich sah und hörte.

Man brachte mich zum Krankenhaus zu zwei anderen, deren Zustand kritisch geworden war. Ich stand vor Hossein, einem 29jährigen Iraner. Geschwächt – er bekam Infusionen – lächelte er mir zu, als er mich sah. Aus seinem Blick, unermeßlich wie der Ozean, sprach seine Entschlossenheit zum Kampf.

„Was mich durchhalten läßt", sagt er, „ist meine Vision der Welt. Es ist eine Vision des Friedens. Ich bin in das Leben verliebt. Ich habe eine Frau und ein Kind, die ich liebe. Für sie, für alle Menschen, bin ich bereit zu sterben, wenn das den Frieden vorantreibt.

Ich habe Durst nach Gerechtigkeit. Deshalb kann ich auf die Wasserflasche neben mir verzichten. Wer Durst nach Gerechtigkeit hat, kann auf alles verzichten."

Die Worte Hosseins verzaubern mich und geben mir Trost. Sie sind wie ein schöner Regenbogen, der Himmel und Erde verbindet und von einem Ende der Welt zum andern geht, damit Friede und Gerechtigkeit keine Grenzen mehr kennen.

Der einzige Kampf, für den sich der Einsatz lohnt, ist der Kampf für den Menschen.

Hinweis: Weitere Informationen über das Leben von Bischof Gaillot und sein Engagement für das Evangelium bietet das Buch „Eine Kirche, die nicht dient, dient zu nichts", 192 Seiten, Paperback.
ISBN 3-451-21988-3

Inhalt